国家出版基金项目
NATIONAL PUBLICATION FOUNDATION

汉字发展史专题研究丛书

丛书主编　王贵元

居延新简文字研究

程　艳　著

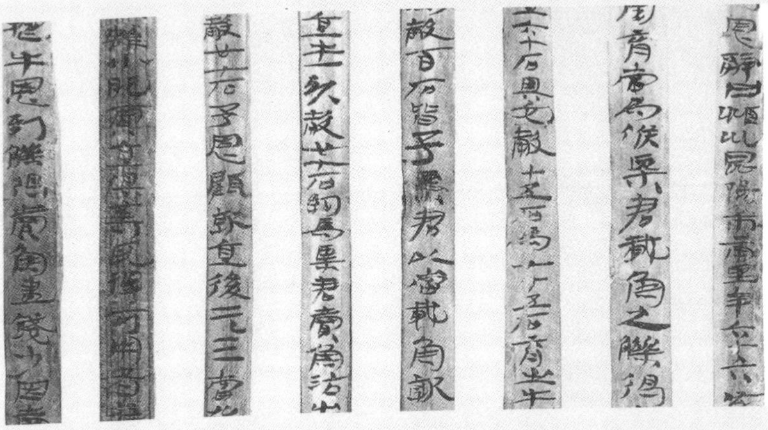

河北出版传媒集团
河北人民出版社
石家庄

图书在版编目（CIP）数据

居延新简文字研究 / 程艳著. -- 石家庄 : 河北人民出版社, 2018.12
（汉字发展史专题研究丛书 / 王贵元主编）
ISBN 978-7-202-13458-0

Ⅰ. ①居… Ⅱ. ①程… Ⅲ. ①居延汉简－古文字－研究 Ⅳ. ①K877.54②H121

中国版本图书馆CIP数据核字(2018)第223678号

丛 书 名 **汉字发展史专题研究丛书**
丛书主编 王贵元
书　　名 **居延新简文字研究**
著　　者 程　艳

策划编辑 韩丽璞　荆彦周
责任编辑 甄　洁
美术编辑 于艳红
责任校对 付敬华

出版发行 河北出版传媒集团　河北人民出版社
（石家庄市友谊北大街 330 号）
印　　刷 河北新华第二印刷有限责任公司
开　　本 787 毫米×1092 毫米　1/16
印　　张 17.25
字　　数 240 000
版　　次 2018 年 12 月第 1 版　　2018 年 12 月第 1 次印刷
书　　号 ISBN 978-7-202-13458-0
定　　价 58.00 元

总　序

汉字发展史的研究，总体上可分为两个大的方面：一是纵向的分段问题，二是横向的内容框架问题。无论是哪个方面，都与汉字理论的建设密不可分。纵向的分段问题即整个汉字发展史分几个阶段，每个阶段的界线在哪里，这是需要依据汉字发展的实有情况，分析其阶段性核心特征及其转化环节而进行的。横向的内容框架问题即在汉字的各个发展阶段，研究些什么内容，这些内容的合理结构是怎样的，应该划分为哪些部分来进行研究和论述。下面先从第二方面问题说起。

一、横向的研究内容

横向的研究内容首先可分为字形系统和字用系统两个部分，这一点学界已有共识。字形系统即汉字本身的形体构成，字用系统是汉字在文献中的运用问题。

（一）字形系统

字形系统可进一步分类研究，但如何分类却是一个颇具争议的问题，我们认为要合理解决这一问题，必须先分析清楚字形系统构形要素的性质和分类。

1. 构形系统要素的性质与分类

汉字字形系统首先是由众多单字形体构成的，汉字的构形就体现在这些单字形体上，综合大量单字形体，研究其形体构成的共有方式和细节变化，就是汉字构形系统的研究。汉字构形系统的研究首要的是弄清楚单字形体构成的面貌，这一点是通过单字形体的拆分获得的，通过单字形体的拆分，我们可以发现所有单字形体都是由构形成分通过不同的组合关系构成的，因此，单字形体，也就是整字形体的构成可分为构件和构件组合方式两个方面。

2. 整字构形的表层结构与深层结构

我曾在《马王堆帛书汉字构形系统研究》中说过："就构形系统内部说，结构层次包括形体层次和功能层次两方面内容。形体层次是可视知的，属表层结构；功能层次是不可视知的，属深层结构。"[①] 这里的结构指的是整字构形的组合关系，进一步推说，组合关系的表层和深层，源自构件的表层和深层。汉字无论古今，整字首先是由构件组成的，汉字的构件都是有功能的，构件的功能即构形、构音和构义的职能。构件的形体属于表层成分，构件的功能属于深层成分。构件形体及其功能是互为表里的整体，形体就是为表现功能而存在的，离开功能，形体也就失去了存在的必要，而没有形体，功能也就不存在了。由构件组合成整字，其形体组合和功能组合也是相互连带，是不可分割的，有此就有彼，有彼即有此，比如，当我们讲同一构件的不同变体的时候，实际上是以功能相同为前提的，也就是同时考虑了功能。当我们讲同形构件时，又是以功能不同为前提的，所以实质上都是形体和功能同时考虑的。再如讲整字的形体布局图式，依其性质，是研究整字的外部组合形态的，但实际上不考虑功能的话，简直就无法操作，譬如里耶秦简的"单""车""东"字形分别如下：

单	车	东

若是仅从形体考虑，"单""车"是不是有一个共同构件？"单"的形体图式为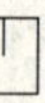，"车"的形体图式为，"东"的形体图式亦为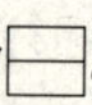。如果仅依

① 王贵元：《马王堆帛书汉字构形系统研究》，广西教育出版社，1999年，第44页。

据形体的外部形态划分，就只能以形体的分离标准区分组成成分，若此则形体分离的水旁“氵”是不是也应分为三个部分？所以，即使是分析字形外部形态也不能或缺功能的考虑。

就整字构形而言，首先有选用什么样的构件、选用多少构件问题，而后在表层结构，即形体层次方面有构件的位置摆放、构件方向的确定等问题，在深层结构，即功能层次上有功能组合模式问题。

3. 构件

独体字是由一个构件构成的整字，合体字是由两个或两个以上构件构成的整字。合体字的构件也有独体和合体之分，如果是合体构件，则其内部又可拆分出二级构件、三级构件等，所以直接构成整字的构件可称为直接构件或一级构件。

合体构件虽然可以分级，但与整字构义直接关联的只有直接构件，所以直接构件是构件研究的核心对象。直接构件就形体上说，在历史发展过程中会有演化，包括异形的产生与归一、形体的历时发展等；从功能上说，有功能的种类和演化等；另外就是构件间关系的研究，包括同形构件、构件换用、构件混用等。

构件并不是终极构形成分，构件本身也有构形成分，其中合体构件由下级构件构成，但这实际上属于整字构形问题，因为它们是由可以独用的整字充当的构件，可以放在整字部分研究。因此构件的实际构成成分是点线和笔画。

4. 点线与笔画

汉字经历过古文字阶段到今文字阶段的重大演化过程，其间，字形系统的构成要素也发生过重要变化。在古文字阶段，概括地说，形体是物象的反映，其中，整字、构件及其构成成分皆是物象的反映，如甲骨文“祝”作

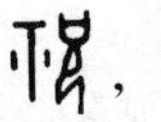，整字反映的是张大嘴的人（表示祷告）面对祭祀对象进行祷告，左旁构件“示”表示祭祀对象，右旁构件表示祷告的人，而组成构件的点线反映

的是祭祀对象和祷告者的局部。可以说，这时的字形功能是表示物象，即具有表形功能。其后，在汉字形体由表示物象向表示词的音义转化的本质动因支配下，汉字形体的功能也逐渐由表形功能转化为表音义功能，由此产生了构形的表音义成分[①]。由表形成分发展为表音义成分，其变化不仅是表示对象的不同，还反映在构形成分性质的分化和演变上，其分化之处主要发生在构件的构成成分上。总体上看，古今汉字的发展在整字和构件上基本是依据固定模式的转化，在构件功能发生转化的同时，构件的构成成分也经历了功能消失的过程。古文字构件的组成成分点线是物象的描绘，是有表形功能的，构件功能转化为表音义功能后，其组成成分即失去了表形功能，而且既无独立的表词功能，也无构义、构音功能，与字形表现对象脱离了直接关系，成了纯粹的书写要素，由此，汉字构形系统首次出现了无功能的构形成分，即今文字的笔画。为什么会出现纯粹的书写成分？还是源于字形表示对象由物象转换成了词的音义。因为无论是整字表示的词的音义还是构件表示的构音、构义都是概括的、抽象的，所以构件及整字都是作为一个整体来反映功能，至于其形体内部如何变化则与功能没有了直接关系，也就是形体本身没有了外物制约，汉字的笔画系统由有限的笔画种类相互组合而成，是自我规划的结果。古文字的点线是物象的描绘，受制于物象形态，没有自主性、独立性。而笔画没有对象性的支配者，它的支配者仅是书写，是在书写快捷目的的作用下形成的[②]。

另外，汉字的草书字体具有特殊性，周有光说："古今文字的字体可以归纳为三类：a. 图形体，b. 笔画体，c. 流线体。汉字从甲骨文、钟鼎文，到大篆、小篆，图形性逐渐减弱，都属于图形体。隶书、楷书属于笔画体。草书、行书属于流线体。"[③]这实际是就汉字形体表层基础构字成分进行的分类，是有道理的，就所有字体而言，确实存在一种有别于笔画的成分，但我们认

① 王贵元：《汉字形体演化的动因与机制》，《语文研究》，2010年第3期。
② 王贵元：《汉字笔画系统形成的过程与机制》，《语言科学》，2014年第5期。
③ 周有光：《文字发展规律的新探索》，《民族语文》，1999年第1期。

为行书仍是笔画体，只有草书是流线体。唐代张怀瓘《书断上·行书》："案行书者，后汉颍川刘德升所造也。即正书之小讹，务从简易，相间流行，故谓之行书。"[①]"相间流行"，"间"即间隔，说明有起断，这是行书与草书的重要区别。启功说："楷字中的笔画，虽然快写，但不超越，绕过它们原有的轨道，譬如火车，慢车每站必停，可比楷书；快车有些站可以不停，可比行书。虽然不停，但不能抛开中间的站，另取直线去行车。"[②]"虽然不停，但不能抛开中间的站，另取直线去行车"说明，行书虽然连写，但仍可看出原有的笔画差别，与草书的实连甚至跨越笔画、构件不同。刘延玲说："和行书相比，草书的'连笔'和'快写'已经超越了楷书设定的轨迹，草书的连笔发生在构件之间、字与字之间，而且以实连为主；减省的也不只是点画，还有构件。这样一来，字的构件甚至整字都会用新的符号替代。省并之后的字形，使人一眼望去，轮廓形状，已经与楷书字形相去甚远，与行书也大相径庭。因此，草书变成了一套新的符号体系。"[③]

综上，字形系统的研究可以分三个方面进行，一是整字研究，主要研究整字选用构件问题、构件组字时的位置方向等形体结构问题、功能组合模式问题等；二是构件研究，主要研究构件形体的历时演化问题、构件的使用（换用、混用）问题等；三是笔画研究，主要研究笔画的产生与发展、形成机制及规律等。

5. 字式和字体

汉字是书面符号系统，是书写出来的符号，因此书写在汉字字形系统面貌上有着一定的影响，这种由书写造成的字形系统的不同面貌学界一般称为"字体"，但是传统的字体概念内涵极其庞杂，实际上包括性质完全不同的数种现象。比如大篆和小篆，主要差异在构件和结构，属于构词要素层面

① 上海书画出版社、华东师范大学古籍整理研究室：《历代书法论文选》，上海书画出版社，1979年，第163页。

② 启功：《书法概论》，北京师范大学出版社，1986年，第50—51页。

③ 刘延玲：《魏晋行书构形研究》，上海教育出版社，2004年，第65页。

的不同，而隶书、行书和楷书等，主要差异在笔画，属于书写要素层面的不同。我们认为，此类问题需要依据性质的不同严格界定。关于这一问题，前辈著名学者已有过较好的论述，郭绍虞说："就汉字而论字体，有三种不同的含义：一指文字的形体；二指书写的字体；三指书法家的字体。这三种意义互有关联但各有分别。就文字的形体讲，只需分为正草二体。就书写的字体讲，一般又分为正草篆隶四体，或真行草篆隶五体。就书法家的字体讲，那是指各家书法的风格，可以分得很多，最流行的如颜体、柳体、欧体、赵体之类便是。"[①]郭先生"正草二体"的"草"应该是指草写，非草书之草。这样，郭先生分为三类，即文字的形体、书写的字体和书法家的字体。启功说："所谓字体，即是指文字的形状，它包含两个方面：其一是指文字的组织构造以至它所属的大类型、总风格。例如说某字是象什么形、指什么事，某字是什么形什么声；或看它是属于'篆''隶''草''真''行'的哪一种。其二是指某一书家、某一流派的艺术风格。例如说'欧体''颜体'等。我们知道一个书家或流派的艺术风格，多是指它们在一种大类型中的小分别。"[②]启功先生是分两个方面，即文字的组织构造以至它所属的大类型、总风格和某一书家、某一流派的艺术风格，其中的第一方面又分为文字的组织构造和大类型、总风格。王力说："因此，就文字本身来说，我们就只能谈字形的变迁。关于字形，应该分为两方面来看：第一是字体的变迁；第二是字式的变迁。字体是文字的笔画姿态，字式是文字的结构方式。二者是不能混为一谈的。"[③]在字体方面，王力先生讲了甲骨文、金文、玺文、货币文、小篆、隶书、楷书等，显然，王力先生的"字体"就相当于郭先生的"书写的字体"，也即启功先生的"大类型、总风格"；在字式方面，王力先生讲了单体字、合体字、会意字、形声字等，所以，王力先生的"字式"就相当于郭先生的

---

① 郭绍虞：《从书法中窥测字体的演变》，《现代书法论文选》，上海书画出版社，1980年，第333页。

② 启功：《古代字体论稿》，文物出版社，1999年，第1页。

③ 王力：《汉语史稿》上册，中华书局，1980年，第39页。

“文字的形体”，也即启功先生的“文字的组织构造”。王力先生未涉及书法家字体一项。王宁说：“那么，就纯文字学的角度，我们应当取哪种定义为好？应当看到，汉字在实现记录汉语功能的过程中，处于认读和书写两个衔接不可分离的矛盾统一过程中——就一个人来说，他得先认字，然后写字；对一个社会来说，先有人写字、作文，才有人认字、阅读，汉字就在这个过程中具有了结构属性和书写属性两大部分。字体属于书写属性，应当和结构分立，第一种表示文字的组织构造的体应称字形结构；第二、三种体的用法才是字体风格，在这第二、三种体的用法中，第三种过于微观了一些，比较偏重于书法分类，纯文字学难以把握，所以，文字学所取的字体定义，以第二种最为适宜。”①

我们认为，字形系统就性质而言可分为原形和书写形体两大类，原形是基础字形、通用字形，书写形体是依据原形书写时由于书写方式的不同产生的形体，就如同一个楷体字形，不同的人书写会产生不同风格的字形一样。原形重点考虑的是构件和结构，书写形体主要变化是点线、笔画。参考上述前辈学者的论述，如果不考虑分合归类问题，其主要部分就是三项：一是文字的形体，或称文字的组织构造、字形结构；二是书写的字体，即文字的大类型、总风格；三是书法家的字体，即某一书家、某一流派的艺术风格。正如王宁先生所说，上述三项中，实际上第一项是基础字形，而第二和第三项性质相同，都是在基础字形上的书写变化，也就是说第二、第三项都是以书写要素为标准定出的分类。虽然第一项也包含书写成分笔画，但和第二、第三项的笔画性质不同，第一项的笔画系统指汉字基础性的笔画分类及其组合形式，而第二、第三项的笔画多是指笔形的变化，比如横画是基础笔画，横画的头粗尾细等笔形变化为书写变化。从这个角度分析，字形系统可以进一步分为“字式”和“字体”两类：字式是字形的基础模式和基本格式。“字式”之名用的是王力先生的定名，因为这一名称较为符合基础字形之性质。字体

① 王宁：《汉字字体研究的新突破》，《三峡大学学报》，2001年第3期。

是因书写原因造成的以字形表面形态为标准确立的字形类别，字体既包括汉字发展不同阶段的特征分类，也包括区域特征分类；既包括相同条件下的字形分类，也包括不同书写工具造成的分类，还包括不同书写内容格式形成的分类，如“秦书八体”中的“刻符”“摹印”“署书”“殳书”等。同时，字体类别也会或多或少涉及到构件及其组合关系，虽然不是字体的主要差异，但总体而言，字体也需考虑构件及其组合关系。另外，书写者个人、流派风格如果对实用字体产生了影响，也需考察。

（二）字用系统

字用系统的研究大致可分四个方面：一是字量研究，即研究不同阶段的使用字数。二是字性研究，包括常用字、传承字、新增字等。三是书写研究，包括书写材料与工具、行款、合文、重文、误书等。四是字词关系研究，这是字用系统研究的重点，分两个立足点，以词为立足点，研究的是字际关系，词有词项和义项的不同，大体可分为异体字、假借字、派生字、同形字、形近混用字、同义换读字六类[①]；以字为立足点，研究的是个体字的职能关系，大体可分为引申关系、假借关系和误同关系等，此不赘述。

二、纵向的分段问题

汉字发展的阶段，已有的研究一般是依据历史朝代划分，如商周、秦汉等，我们认为，历史朝代的性质是政权更迭，与汉字发展并不对等，汉字发展有其独立的演进脉络，应以字形发展的本质性变化作为分段标准，依据我们的研究，从古至今汉字发展可分为六段：即象形阶段（西周中期以前）、亚象形阶段（西周晚期至战国中期）、古隶阶段（战国晚期至西汉中期）、今隶阶段（西汉晚期至魏晋）、楷体阶段（南北朝至20世纪初）、简楷阶段（1956年至今）[②]。其构形依据、形体特征及历史时代如下表：

① 王贵元：《简帛文献用字研究》，《西北大学学报》，2008年第3期。

② 王贵元：《汉字发展史的几个核心问题》，《中国语文》，2013年第1期。

发展阶段	古文字阶段		今文字阶段			
构形依据	物象		词的音义			
形体特征	象形	亚象形	古隶	今隶	楷体	简楷
历史时代	从产生至西周中期	西周晚期至战国中期	战国晚期至西汉中期	西汉晚期至魏晋	南北朝至20世纪初	1956年至今

（一）象形阶段

象形阶段是汉字的最早发展阶段，其特征是依据物象创制形体，形体是物象的真实反映，如“女”“王”“光”字：

“女”字象女子端坐形。“王”字象锋刃向下的斧头形。“光”字象坐人举灯形，与出土古代人形座灯相同，古代贵族宴会，应有专人掌灯。

象形阶段的字形不仅独体和构件是象形的，而且字形结构也是象形的，如“逆”“执”“监”：

	逆	执（執）	监（監）
甲骨文	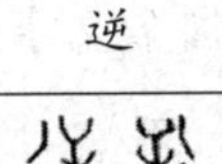	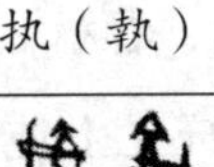	

逆的本义是迎接。商代字形上部像一个由远而近走来的人，下部是脚尖对着来人的脚，代表迎接的人，“彳”是道路的象形，表示来人行走在路上。执的本义是逮捕，字形像一个人戴着手铐，双手在手铐中。监的本义是照镜子，字形像一个人突出眼部，在装有水的盆中照镜子。字形结构都是象形的。

（二）亚象形阶段

亚象形是形体表面上象形，实质上已不能完全反映物象，是表物象形体向表音义形体过渡时期的形体。象形与亚象形字形比较如下：

楷体	象形	亚象形
女		
王		
光		

以上亚象形形体虽然仍是篆体，仍是象形的体态，但“女”形已看不出端坐女子的形象，“王”形已看不出斧钺形象，“光”形已看不出人形灯的形象。

那么，汉字形体系统从什么时期开始由象形进入亚象形呢？今以“王”“女”“光”三字形体发展为例加以了解。需要说明的是，字形抽查容易片面，所以我们是以相关阶段现有的所有字形为依据分析的，字形材料依据中国人民大学陶曲勇的博士论文《西周金文构形研究》所附《西周金文分期字形全表》、杨秀恩的博士论文《春秋金文字形全表及构形研究》、樊俊利的博士论文《战国金文字形全表及构形研究》。以上字形表收录了 2010 年（含 2010 年）以前现存所有西周、春秋、战国金文字形。受篇幅影响，本文字表略有删节，全部字形及出处详见上述各论文。

"王"字：

西周早期	
西周中期	
西周晚期	
春秋时期	

"王"字形体到西周晚期发生了明显变化，主要是字形下部的重要象形标志斧刃变为一横，使整个字形已不能反映斧钺形象。

"女"字：

西周早期	
西周中期	
西周晚期	
春秋时期	

"女"字形体到西周晚期表示坐形女子的腿部变短变直，使整个字形已失去了坐女形象。

"光"字：

西周早期	
西周中期	
西周晚期	
春秋时期	

“光”字上部本是灯盏形象，由于灯盏盘内要放点燃物，所以下沿呈上弯之势，但到西周晚期，已全部变为下倾，完全失去了本形特征。

我们再看字形结构：

	監	朢	執	飲（歙）	沫
商代甲骨文			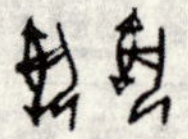		
西周晚期金文	 叔赵父禹	 事族簋	 师同鼎	 纪仲觯	 叔尃父盨

到西周晚期，“监”字、“望”字眼睛与人身已经断开，“执”字人手与手铐已经断开，“饮”字、“沫”字人身与舌头也已断开。

从整体看，汉字形体在西周晚期开始进入亚象形阶段。

（三）古隶阶段

古隶是隶书的早期阶段，也是从篆体到隶体的过渡阶段，其形体表现的突出特征是半篆半隶。古隶是打破篆体，建立以词的音义为依据的新的字形体系时期的字体。其标志是对篆体的改造，方式有弯笔拉直、圆形变方、逆笔顺写等。

睡虎地秦简	西汉马王堆帛书	小篆

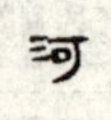		

睡虎地秦简是战国晚期字形，马王堆帛书是西汉初期字形，皆属于古隶阶段。与典型亚象形形体小篆对比，可以看出出现了明显的弯笔拉直、圆形变方、弯笔断裂等。

隶体的形成时期也就是“隶变”的开始时期，对于“隶变”的产生时期，学术界有多种说法，从我们对战国全部金文字形分析看，当在战国晚期。下面是“君”“里”“五”三字的战国中期和晚期字形对比：

君	战国中期	
	战国晚期	
里	战国中期	
	战国晚期	
五	战国中期	
	战国晚期	

可以看出，战国晚期和战国中期形体有明显差异，战国晚期形体出现了普遍的圆形变方形、连笔分拆重组、弯笔拉直等现象。所以，隶体的形成时期定在战国晚期是符合实际的。战国中期还有大量铸铭存在，如平夜君成戈和戟、鄂君启车节等，战国晚期铜器铭辞则全面改用刻写，这也是促使隶体形成的重要外因。但同是刻铭，中期为篆体，如中山王器，晚期则少见。

（四）今隶阶段

今隶是隶体的成熟形体，其标志是篆体成分基本不存，彻底完成了对篆体的改造并同时建立了新的构形体系。西汉初期的马王堆帛书字形是典型的古隶字形，到东汉碑刻字形，篆体成分已基本消失。

楷书	西周金文	西汉马王堆帛书	东汉碑刻
神			
福			
逆		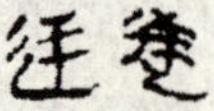	
莫		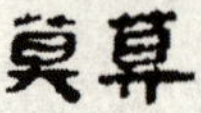	
番			
告		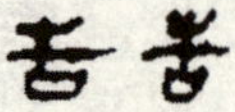	
丧			
述			

今隶始于何时？裘锡圭说："由此可见，至迟在昭宣之际，八分已经完全形成。"[①]"八分"的形成即是今隶的形成，从西北汉简有年号简的字形看，裘说是大体符合的。

（五）楷体阶段

楷体是以词的音义为依据的新的字形体系建立后逐渐调整完善时期的字体。调整完善既包括笔画的抉择和完善，也包括部件形体、结构的抉择和完善，但主要是笔画的固定和完善，其中笔画和结构的美观也是衡量因素。唐开成石经是典型的楷体，其与东汉碑刻字形对比如下：

字头	隶体（东汉曹全碑）	楷体（唐开成石经）
諸		
子		

① 裘锡圭：《文字学概要》，商务印书馆，1990年，第80页。

续表

字头	隶体（东汉曹全碑）	楷体（唐开成石经）
離	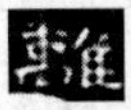	
風		

提画由横画变来，魏晋时期提画出现，但不标准、不统一，南北朝时期才正式形成；钩画中竖钩由竖画和竖左弯画尾缓弯变来，皆成型于南北朝时期；折钩由折尾部加钩变来，也形成于南北朝时期；弯钩由右缓弯笔变来，形成于南北朝时期，如“兄”字，魏晋以前右缓弯无钩，南北朝时已皆变为钩。点画的形成过程是逐步扩展的过程，最早的点画来源于篆体中的“点”，后来短竖和短横也加入到了点画行列。短竖和短横变点也是在南北朝时期，如“於”字末两笔魏晋以前为两短横，南北朝时已变为两点[①]。因此，我们认为楷体阶段起始于南北朝时期。

（六）简楷阶段

1956年2月1日第一批230个简体字正式使用。1964年5月中国文字改革委员会出版《简化汉字总表》，第一表是352个不作偏旁使用的简化字，第二表是132个可作简化偏旁的简化字，第三表是由第二表类推的1754字，因有两字重复，实际共2236字，这就是今天通行大陆的简体字。

《汉字发展史专题研究丛书》就是在上述理论框架的指导下完成的，多年来我们一直在进行汉字发展史的研究，其做法是分段选取典型出土文献材料，首先做穷尽性的字形表，收入所有字形，在此基础上进行研究。迄今为止，我们基本上各个阶段都进行了研究，只是有些论著此前已经出版，未收入本丛书中。另外字形表体量庞大，也未收入，希望将来能有机会出版。汉字研究的主要问题是字形问题，字形是汉字研究的核心，字形的演变有些不直接涉及字用问题，如隶变，或者说字用只是总体的驱动原因，所以在大多

① 王贵元：《汉字笔画系统的形成过程与机制》，《语言科学》，2014年第5期。

问题上字形可以提取出来进行研究。但是有些问题的研究必须结合文献进行，如汉字的派生、汉字职能的演化等，这是我们下一步要重点研究的。

感谢学界师友多年来对我们的支持和勉励，也感谢团队成员的精诚合作和艰辛努力，丛书还只是初步的研究，许多问题尚待深化，希望学界师友不吝赐正。

河北人民出版社副总编辑荆彦周先生是我的老朋友，早在 1988 年我们就有过友好合作，我的第一本专著《女巫与巫术》即是荆彦周先生策划编辑的。本丛书的出版，更是仰赖彦周先生的推动和支持，在此表示衷心感谢。

王贵元

2018 年 10 月 28 日

于中国人民大学人文楼教授工作室

目　录

绪　论

一、居延新简出土情况简介

居延新简是在我国今内蒙古额济纳旗地区发掘所获的汉代简牍文书资料的名称。居延是汉代的地名，在汉代属于张掖郡行政管辖范围，是当时西北部重要的军事驻地。在此处采集所获的汉代简牍称为居延汉简。自1930年至1974年，我国历史学者及考古学家曾多次对该地区进行不同规模的科学考察。1930—1931年，由中国、瑞典两国学者组成的西北科学考察团对今内蒙古额济纳河流域汉代烽燧遗址进行考古发掘，采集到10000枚左右汉代简牍，称之为居延汉简。1973—1974年，由甘肃省文化局文物处、甘肃省博物馆文物工作队等有关部门组成的居延考古队对居延甲渠候官、肩水金关、甲渠塞第四燧三处汉代烽燧遗址进行发掘，采集到19400枚左右汉简。为利于研究，便于与20世纪30年代采集的居延汉简相区别，将这次采集所得居延汉简称为居延新简。此外，1972年秋，居延考古队在额济纳河流域考察，采集到800枚左右汉简；1976年，在额济纳旗肯托尼以北地区采集到173枚汉简；1982年，在甲渠候官遗址采集到20余枚汉简。

甲渠候官烽燧遗址“位于今内蒙古额济纳旗所在地南二十四公里，纳林、伊肯河之间的戈壁滩上，是汉代居延西部防线甲渠塞候的治所。前西北科学考察团曾于此处发掘了四个地点，出土汉简五千余枚。这次发掘了鄣坞、烽台、邬东灰堆各一处，范围包括三十年代已发掘的地点，而面积要比那时大得多，共开六十八个探方，全面地揭示了该遗址的建筑原貌”①。从坞墙体的建筑方法、地面设施的特征、坞内房屋建筑的考察可知，这些建筑是

① 甘肃省文物考古研究所等编：《居延新简——甲渠候官》，中华书局，1994年，前言第1页。

西汉、东汉和魏晋三个时期所建，不同面积和格局的房屋有不同的用途。“鄣坞出土简牍量较多，大多数在时代上属于王莽至东汉光武帝建武年间。灰堆位于坞东五十余米处，属于灰烬和废物堆积区，厚 0.4 至 1.2 米，内含简牍和各种实物，甲渠候官中大多数早、中期简牍均出土于此。从出土纪年简和地层堆积情况分析，此处属始自西汉武帝晚期至东汉光武帝建武初年为止前后一百二十余年间的堆积。”①

甲渠塞第四燧遗址，位于甲渠候官南部附近，发掘获得简牍在对坞外灰堆的发掘中，开探方两个，出土简牍 195 枚。根据甲渠候官和第四燧出土的文物形质、纪年简的文字记载和建筑物构造特征等的分析，这两处遗址的时期应为西汉武帝到东汉初期，是汉代西部重要的边防要塞。两次发掘出土的简牍文书，为研究两汉时期西北边塞的军事防御以及政治、经济、社会、文化提供了珍贵的第一手资料。

二、居延新简研究简述

居延新简自出土以来，因其数量庞大、内容丰富，受到了学界的广泛关注。语言学、历史学与之相关的研究成果最为集中，主要包括以下几方面：

（一）释文整理

对 20 世纪 30 年代出土的居延汉简的文字整理工作自 1936 年开始，由于时值抗战特殊时期，居延汉简由北京转运香港、美国，1965 年运抵台湾，得以保存。1936 年，劳榦、余逊对居延汉简的考释以晒蓝纸方式印制成册，名为《居延汉简释文稿》，即“晒蓝本”，是最早的对居延汉简文字的系统整理文稿。

1949 年 11 月，商务印书馆出版了劳榦著《居延汉简考释——释文之部》②。1959年，科学出版社出版了《居延汉简甲编》③，收录部分简牍图片，有

① 甘肃省文物考古研究所等编：《居延新简——甲渠候官》，中华书局，1994年，前言第2页。
② 劳榦：《居延汉简考释——释文之部》，商务印书馆，1949年。
③ 中国社会科学院考古研究所编：《居延汉简甲编》，科学出版社，1959年。

释文。1960年，劳榦在《居延汉简考释——释文之部》基础上修订出版《居延汉简考释之部》，内容包括居延汉简释文、敦煌汉简校文、居延汉简考证等，对简牍的形制、公文形制、边塞制度、边郡生活、书体文字等进行考证。

1980年，中华书局出版《居延汉简甲乙编》[①]，全书分为上、下两册，收录了最早发现的10000余枚简牍的全部照片和释文，并附有中文的考古发掘报告。该书改正了劳榦的《居延汉简考释——释文之部》和《居延汉简甲编》中释文的错误，但仍存在错释、漏释的问题。

1987年，文物出版社出版了谢桂华、李均明、朱国炤编《居延汉简释文合校》[②]，“本书以《甲乙编》的释文为底本，凡是《甲乙编》释得正确的，一律照录;《甲乙编》错释、漏释、未释出的，除极少数不能确认的仍照录《甲乙编》释文，或者改作一字一‘口’符号外，其他一律予以校订，并将《甲乙编》、《甲编》、《考释》中与此相应的异文注明，供读者择善而从”[③]。

1998年，台湾中央研究院历史语言研究所出版了简牍整理小组编《居延汉简补编》[④]，首次利用红外线电子仪器为简牍摄制电子图像。但当时的电子设备分辨率只有不到百位，加之相关的文档制作设备的限制，这些红外资料最终被收录入史语所网站“汉代简牍数位典藏”，没有出版新的释文和全部图版资料。

2001年，中国简牍集成编辑委员会主编《中国简牍集成——甘肃省·内蒙古自治区卷（居延汉简）》（5—8册）[⑤]，此书按照原简编号及排次自右向左竖排释文，并对释文进行标点、注释，个别处作了修订。

2014年12月，台湾中央研究院历史语言研究所出版了简牍整理小组编

① 中国社会科学院考古研究所编：《居延汉简甲乙编》，中华书局，1980年。
② 谢桂华、李均明、朱国炤编：《居延汉简释文合校》，文物出版社，1987年。
③ 谢桂华、李均明、朱国炤编：《居延汉简释文合校》，文物出版社，1987年，前言。
④ 简牍整理小组编：《居延汉简补编》，台北，中央研究院历史语言研究所发行，1998年。
⑤ 中国简牍集成编辑委员会主编：《中国简牍集成——甘肃省·内蒙古自治区卷（居延汉简）》（5—8册），敦煌文艺出版社，2001年。

《居延汉简（壹）》[①]，此书所录简牍图像均由高解析度的红外线扫描器摄制而成，将每支简的正面背面，无论是否有文字，全部录入，完整又真实地记录了简牍的原貌，是目前为止最为清晰的居延汉简图片资料。释文参考《居延汉简考释之部》《居延汉简甲乙编》《居延汉简释文合校》等专著，为研究 20 世纪 30 年代出土的居延汉简提供了最新最全的资料。

对 20 世纪 70 年代出土的居延新简较全面研究的主要有以下几部专著：

1990 年 7 月，文物出版社出版了甘肃省文物考古研究所等编《居延新简——甲渠候官与第四燧》[②]，内容包括甲渠候官和甲渠塞第四燧两处遗址采集到的全部简牍以及 1972 年居延地区调查采集地点不明残简 14 枚。

1994 年 7 月，中华书局出版了甘肃省文物考古研究所等编《居延新简——甲渠候官》[③]，全书分为上、下两册，上册为汉简释文，下册为汉简图版，除收录甲渠候官和甲渠塞第四燧两处遗址采集到的全部简牍、1972 年居延地区调查采集地点不明残简外，还收录了以下五宗简牍："一九八二年在甲渠候官治所采集的散简二十枚；甲渠塞第四燧采集的散简六十七枚；一九七六年在居延都尉三十井塞次东燧所获简一七三枚；一九七二年居延地区采集的散简七枚；一九七二年居延地区采集的地点不明的散简一四枚。"[④]合计 8409 枚。《居延新简——甲渠候官》的出版标志着居延汉简研究进入了结合新旧简进行综合研究的新阶段。此书为八开精装本，繁体字竖排，并附有遗址地图。图版清晰，释文整理质量较高。

2001 年，中国简牍集成编辑委员会主编《中国简牍集成——甘肃省·内蒙古自治区卷（居延新简）》（9—12 册）[⑤]，此书收录的新简与中华书

---

① 简帛整理小组编：《居延汉简（壹）》，台北，中央研究院历史语言研究所，2014年。

② 甘肃省文物考古研究所等编：《居延新简——甲渠候官与第四燧》，文物出版社，1990年。

③ 甘肃省文物考古研究所等编：《居延新简——甲渠候官》，中华书局，1994年。

④ 甘肃省文物考古研究所等编：《居延新简——甲渠候官》，中华书局，1994年，第1页。

⑤ 中国简牍集成编辑委员会主编：《中国简牍集成——甘肃省·内蒙古自治区卷（居延新简）》（9—12册），敦煌文艺出版社，2001年。

局版相同，由初师宾、张德芳主编，在中华本基础上，对已公布的汉简释文进行标点、注释，个别处作了修订，原简发掘出土单元、编号及排次不变。附有部分图版和遗址地图。

2013年12月，天津古籍出版社出版了马怡、张荣强主编《居延新简释校》[①]。此书是对几种文本释文的对比整理，特别注明了关于每条简的几个文本的不同注释之处。

甘肃省文物考古研究所编《居延新简释粹》[②]、陈直著《居延汉简研究》[③]，分别对居延新简、居延汉简释文进行了校订，具有重要的参考价值。

（二）字词考释

除了对文本进行全面校勘外，也有不少专家学者对居延汉简和新简的字词进行考释，成果显著。《居延汉简考释两种》[④]、《“居延汉简甲编”释文校正》[⑤]、《“居延汉简甲编”释文校正（续）》[⑥]、《“居延汉简甲编”校语》[⑦]、《居延汉简甲编校语增补》[⑧]、《〈居延汉简甲乙编〉释文补正举隅》[⑨]、《〈居延汉简甲乙编〉释文评议》[⑩]、《居延汉简中的‘社’及其源流》[⑪]、《“居延汉简甲乙编”释文校字》[⑫]、《居延汉简中的有方》[⑬]、《释“卩”》[⑭]、《谈谈辨释汉简文字应该注

① 马怡、张荣强主编：《居延新简释校》，天津古籍出版社，2013年。

② 甘肃省文物考古研究所编，薛英群、何双全、李永良注：《居延新简释粹》，兰州大学出版社，1988年。

③ 陈直：《居延汉简研究》，中华书局，2009年。

④ 马衡：《居延汉简考释两种》，《考古通讯》，1957年第1期。

⑤ 陈直：《“居延汉简甲编”释文校正》，《考古》，1960年第4期。

⑥ 陈直：《“居延汉简甲编”释文校正（续）》，《考古》，1960年第10期。

⑦ 陈邦怀：《“居延汉简甲编”校语》，《考古》，1960年第10期。

⑧ 陈邦怀：《“居延汉简甲编”校语增补》，《考古》，1961年第8期。

⑨ 谢桂华、李均明：《〈居延汉简甲乙编〉释文补正举隅》，《历史研究》，1982年第5期。

⑩ 谢桂华、李均明：《〈居延汉简甲乙编〉释文评议》，《敦煌学辑刊》，1984年第2期。

⑪ 薛英群：《居延汉简中的“社”及其源流》，《兰州学刊》，1984年第3期。

⑫ 陈雍：《“居延汉简甲乙编”释文校字》，《史学集刊》，1985年第1期。

⑬ 连劭名：《居延汉简中的有方》，《考古》，1987年第11期。

⑭ 陆锡兴：《释“卩”》，《考古》，1987年第12期。

意的一些问题》①、《释“罙”》②、《居延汉简中的“功”与“劳”》③、《汉简“应书”辨疑》④、《居延汉简召会考》⑤、《居延汉简的“乃”和“迺”》⑥、《“茭钱”试解》⑦、《居延汉简中‘缘中衣’考》⑧，等等，这些文章对已有释文进行校正和补充，对疑难字词进行了考释。

于豪亮在《〈居延汉简甲编〉补释》⑨、《居延汉简中的“省卒”》⑩、《居延汉简校释》⑪等文章中，对汉简释文进行了补充和校正。《于豪亮学术文存》⑫一书有部分内容结合汉字书写方式和文献用例，对居延汉简草书字体的多个字形重新考释，资料翔实，论证严密，结论科学。裘锡圭在《汉简零拾》⑬、《〈居延汉简甲乙编〉释文商榷（一）——读考古发现文字资料札记之二》⑭、《〈居延汉简甲乙编〉释文商榷（续二）》⑮、《〈居延汉简甲乙编〉释文商榷（续三）》⑯、《〈居延汉简甲乙编〉释文商榷（续四）》⑰、《〈居延汉简甲乙编〉释文商榷（续五）》⑱、《〈居延汉简甲乙编〉释文商榷（续六）》⑲、《〈居延汉简甲乙编〉

---

① 裘锡圭：《谈谈辨释汉简文字应该注意的一些问题》，《江汉考古》，1991年第4期。
② 赵平安：《释“罙”》，《考古》，1992年第10期。
③ 胡平生：《居延汉简中的“功”与“劳”》，《文物》，1995年第4期。
④ 初世宾、张东辉：《汉简“应书”辨疑》，《简牍学研究》，1997年第00期。
⑤ 李均明：《居延汉简召会考》，《简牍学研究》，2004年第00期。
⑥ 张国艳：《居延汉简的“乃”和“迺”》，《中国文字研究》，2004年第10期。
⑦ 谢桂华：《“茭钱”试解》，《历史研究》，2006年第2期。
⑧ 聂丹：《居延汉简中‘缘中衣’考》，《江汉考古》，2014年第5期。
⑨ 于豪亮：《〈居延汉简甲编〉补释》，《考古》，1961年第8期。
⑩ 于豪亮：《居延汉简中的“省卒”》，《文物》，1963年第11期。
⑪ 于豪亮：《居延汉简校释》，《考古》，1964年第3期。
⑫《于豪亮学术文存》，中华书局，1985年。
⑬ 裘锡圭：《汉简零拾》，《文史》，1981年第12辑。
⑭ 裘锡圭：《〈居延汉简甲乙编〉释文商榷（一）——读考古发现文字资料札记之二》，《人文杂志》，1982年第2期。
⑮ 裘锡圭：《〈居延汉简甲乙编〉释文商榷（续二）》，《人文杂志》，1982年第4期。
⑯ 裘锡圭：《〈居延汉简甲乙编〉释文商榷（续三）》，《人文杂志》，1982年第5期。
⑰ 裘锡圭：《〈居延汉简甲乙编〉释文商榷（续四）》，《人文杂志》，1983年第1期。
⑱ 裘锡圭：《〈居延汉简甲乙编〉释文商榷（续五）》，《人文杂志》，1983年第2期。
⑲ 裘锡圭：《〈居延汉简甲乙编〉释文商榷（续六）》，《人文杂志》，1983年第3期。

释文商榷（续七）》[①]系列文章中，对居延汉简释文发表了自己的观点。王贵元在《释汉简中的“行胜”与“常韦”》[②]一文中指出，“行胜”实质上是汉代头巾的一种，即远行时戴的头巾。“常韦”即作为裳的韦，指绑腿，在古代属于下衣的裳，即作为下衣的柔皮。王贵元在《释汉简中的“木关”与“关戾”》[③]一文中指出，在弯曲意义上，“弯”“关”可以通用，“关”有弯曲义项。“木关”即木弯，指弩木已弯曲。“关戾”应是近义词联用，义为弯曲。这两篇文章的研究材料均采用出土简牍原文，对简牍中的疑难词语缜密论证，结论科学。韩国籍学者韩延锡的《居延新简释文校补》[④]，选取了居延新简中“未被注释或者需要释文校补的”五组语词，从文字学、训诂学和历史学等多个角度进行试解，所得结论很有说服力。

在词语研究方面，沈刚的《居延汉简语词汇释》[⑤]，收集整理了1939年以来有关居延汉简和新简中的语词的研究成果，将关于居延汉简语词的解释按照类别、时间排列于词语下方，为语词研究及相关研究提供了重要的参考资料。吉仕梅的《秦汉简帛语言研究》[⑥]中《居延汉代简牍词语三论》一章分为“概貌”“王莽改制在词汇中的反映”和“居延汉代简牍词汇对辞书编纂的作用”三个部分。“概貌”介绍了居延汉代简牍中词语的基本情况；“王莽改制在词汇中的反映”指出了王莽简中的一些特殊用词，这对辨别王莽简有很大的帮助；第三部分发掘了居延汉代简牍中的一些新词新义。葛红丽的《〈居延新简〉词语通释》[⑦]，以《汉语大词典》的释义为参照，对居延新简中的400个字头进行解释和考证。张国艳的《居延汉简虚词研究》[⑧]，全文分上、下两编，以居延汉简中出现的虚词为研究对象。上编描述了居延汉简中虚词的整

---

① 裘锡圭：《〈居延汉简甲乙编〉释文商榷（续七）》，《人文杂志》，1983年第4期。
② 王贵元：《释汉简中的“行胜”与“常韦”》，《语言研究》，2014年第4期。
③ 王贵元：《释汉简中的“木关”及“关戾”》，《中国语文》，2014年第3期。
④ 韩延锡：《居延新简释文校补》，《重庆师院学报》（哲社版），1999年第3期。
⑤ 沈刚：《居延汉简语词汇释》，科学出版社，2008年。
⑥ 吉仕梅：《秦汉简帛语言研究》，巴蜀书社，2004年。
⑦ 葛红丽：《〈居延新简〉词语通释》，华东师范大学博士学位论文，2007年。
⑧ 张国艳：《居延汉简虚词研究》，华东师范大学博士学位论文，2005年。

体面貌，下编将虚词分为代词、副词、介词、连词、语气词、助词和词缀等八类，详细分析了虚词的特点、语法功能及演变过程。陈近朱的《〈居延新简〉中的物量词和称数法探析》[①]，对《居延新简》中出现的47个一般量词和20个度量衡量词作了定性和定量的分析，展现出新简中量词和称数法的基本面貌。凌云的《〈居延汉简〉动词研究》[②]，将动词分为行为动词、状态动词、趋止动词、心理动词、存在动词、能愿动词等几大类，介绍动词总体面貌及其语法特点。陈练军的《居延汉简量词研究》[③]，对居延汉简中动量词、名量词进行数量统计，分析量词与名词的组合关系、量词词义演变过程及特点。

（三）文字研究

在文字研究方面，韩国籍学者韩延锡的《居延新简文字研究》[④]，采用汉字构形学理论对居延新简文字的单字进行了整理，分析了构件、结构、笔画的变异情况，考释了其中的一些疑难字。论文整理出单字 1885 个，出现总数为 27539 个。异体字样总数 9018 个，改换构件的有 517 个，变换结构的有 131 个，增笔画的有 460 个，减省笔画的有 728 个，连笔画的有 581 个，断笔画的有 290 个，贯笔画的有 134 个，变笔画的有 1715 个，并计算出每种变异字数所占百分比。此论文认为，居延新简文字是通过减省构件、笔画，笔画的平直化与章草化，使字形体现出减省化的特点。

韩国籍学者洪映熙的《居延汉简文字构形系统研究》[⑤]从汉字发展史的角度出发，把居延汉简的文字作为共时平面的材料进行构形分析，研究居延汉简的文字特点及其在汉字发展史上的地位。在对文字的分析中，运用结构功能分析法，将每个字符分解为最小元素，归纳其组合关系。按照系统论的方法，对字形内部的构成元素、组合模式进行分析和静态描写。运用书体风格分析法分析居延汉简中出现的各种书体。

---

① 陈近朱：《〈居延新简〉中的物量词和称数法探析》，华东师范大学硕士学位论文，2004年。
② 凌云：《〈居延新简〉动词研究》，西南大学硕士学位论文，2007年。
③ 陈练军：《居延汉简量词研究》，西南师范大学硕士学位论文，2003年。
④ 韩延锡：《居延新简文字研究》，北京师范大学博士学位论文，1997年。
⑤ 洪映熙：《居延汉简文字构形系统研究》，北京师范大学博士学位论文，2000年。

白海燕的《居延新简文字编》[1]，使用电脑采集汉简文字图片，按照《说文解字》顺序，选取各个字形的典型图片排列于楷体字头下方，《说文》未见字形，排列于该部末尾，并加星号标示。此外，还收录了合文字形表、疑难字形表。

（四）其他研究

在书法艺术研究方面，《居延汉简字体风格研究》[2]、《居延汉简书体研究》[3]、《从居延汉简看汉代书法的繁荣》[4]等文章，从书法艺术的角度对居延汉简字形进行分析，考察了这一时期的汉字书写风格。李洪智的《汉代草书研究》[5]选取以居延新简为主的汉代草书为研究对象，从汉代草书的来源、发展和字形变化现象进行了详尽分析，总结出汉代草书的特点及其历史地位。该书采用文字学理论对字体变化进行分析，从书法的角度对具体字形拆分和归类，整理出的草书符号与笔画的区别值得学者深入研究。

在历史学研究方面，居延汉代简牍文字记录内容为汉代历史研究提供了大量真实可靠的资料，学者对其中记录的汉代社会经济、社会生活、屯田水利、戍卒管理、职务任免、医药伤病、民族关系、王莽改制等方面的内容展开了充分研究。这些历史方面的研究与语言文字方面的研究共同将对居延汉代简牍的研究推上了一个新的高度。

三、居延新简文字研究的方法及内容

中华书局出版《居延新简——甲渠候官》共收录简牍8409枚，其中个别简牍的照片未收录，都在有关释文中注明缺失。本研究以此书为底本，采用电子高清扫描的方式将原简图片录入电脑，最大限度地真实呈现居延新简文字的原貌，避免了人工描摹、手动输入易产生的错误和遗漏。之后运用图

① 白海燕：《居延新简文字编》，吉林大学博士学位论文，2014年。
② 林雪：《居延汉简字体风格研究》，河北师范大学硕士学位论文，2014年。
③ 徐舒桐：《居延汉简书体研究》，郑州大学硕士学位论文，2014年。
④ 熊双平：《从居延汉简看汉代书法的繁荣》，《中国书法》，2013年第6期。
⑤ 李洪智：《汉代草书研究》，北京师范大学出版社，2014年。

像切割技术对所有简上的文字进行逐个剪切，去除文字周边简牍纹理、相邻字笔画等图像，将图片信息保存。按照单字所在简的编号命名图片，生成文字图片数据库，制成《居延新简文字编》。此字编共统计6139支简，清晰可辨识的单字共计58394个。文字的编排按照《说文解字》540部的顺序排列，同一字形的不同异写形体归在同一字头下，异构字形另出字头，同一字头下的文字形体按照汉简编号顺序排列，《说文》所无的字头放于同一部首字的末尾。不仅收录释文已释文字形体，还要遴选部分由于残损、漫漶、遗漏等原因造成的释文未释字形，加上现有字书未收录字形，做成附录字表。

本书在确定居延新简字形时，将字形与两汉时期其他载体文字资料进行纵向对比，如马王堆帛书文字、两汉石刻文字、以及睡虎地秦简等文字材料。与居延汉简、额济纳汉简、张家山汉简、阜阳汉简、敦煌悬泉汉简、尹湾汉简等文字进行横向对比。依据构形与功能相统一的形体认同标准，把字形放到更大的范围中识别，使字形认定更准确合理。同时，日本、韩国等汉简研究学者关于居延新简字形的研究成果对本书的研究也有极大的参考价值和指导作用。

在字体研究方面，按照文字类型和风格的不同，将新简中的字体分为篆体、古隶、八分隶和草体四大类，试图通过考察每种字体的笔画和结构，对新简中字体的特点进行归纳总结。

在笔画系统研究方面，以隶体笔画为出发点，对新简字形中的笔画进行分类，分析笔画生成与对篆体线条改造的方式，分析每种笔画的特征及来源，总结新简文字笔画系统的特点。

在构件系统研究方面，分析新简文字中同位演化、多位演化的构件数量及演化方式，整理意符换用、声符换用、声符换为意符的构件换用情况，统计构件混同的字形，新简中继承甲骨文、金文、古隶等字体的字形。通过对构件的整理，描摹出该时期字形中构件的实际使用情况。

在整字研究方面，分析新简中的异构字、异写字、异位字类型及这些字形的产生原因，对新简中所见现代简化字、形体混同字、合文和新莽用字进行穷尽性总结，从字形整体层面研究汉字构成成分的变化情况，分析书写便捷、整字结构稳定和别异优先原则在整字结构中的运用。

在字形草化研究方面，分析新简草体字形笔画的形变、连写、减省三种草化方式，分析构件黏合、减省、省变等草化方式，区分不同草化程度的字形。

在通过对居延新简字体、笔画、构件、整字的系统研究之后，总结新简文字在这一时期呈现出的特点，指出汉字构形依据的变化、正规字体与变异字体交替发展是新简字体演变的动因，行款、笔顺、书写载体、书写工具、书写者和书写内容是影响字体演变的其他因素。

四、居延新简文字研究的价值意义

（一）提供客观真实资料

材料真实是简牍最大的特点。居延新简是经由考古发掘而得到的文物资料，由于是出土简牍，不必担心后人在传抄的过程中造成误抄、增字、减字、篡改等现象，与同期传世文献相比，出土简牍具有传世文献不可比拟的真实性和可信度。居延新简的文字书写载体以木简为主，字体包括篆体、隶体、草体多种，字形数量众多，多数字迹保存清晰，书写者为社会中下层普通人员，记录内容以边塞戍卒日常生活为主，是当时大量使用的通行文字。对这些字形进行整理和研究，可以为文字学、文献学研究提供客观真实的材料，有效帮助我们分析和认识汉字演变的过程。

（二）推动笔画系统研究

笔画是汉字书写的最小元素，汉字发展进入今文字阶段，笔画伴随着篆体解散和隶体出现而形成并逐步完善。目前，文字学对这一阶段的研究多集中于对字形和字体演变规律的研究，鲜有从笔画层面展开的分析。居延新简的文字正处于篆体解散、隶体发展成熟的时期，对新简文字笔画进行分析和归纳，可以帮助我们认识笔画从萌芽到形成的过程，推动笔画系统的研究，从汉字的最小书写元素出发揭示其形体演变的规律和发展脉络，为笔画的产生、发展、定量定形提供客观的文字材料，填补汉字笔画系统研究的空白。

（三）厘清字体演变脉络

居延汉简和居延新简自出土以来一直是学术界研究的热点，取得了大量的研究成果，在文字学方面也有不少成果面世。但对字形的整体研究仍多集中于书法领域，常见的学术成果多偏向于对汉代隶书字体的书法研究，汉代草书字体的艺术欣赏，真正运用文字学的理论对居延新简中的隶体字和草体字的笔画、构件等方面的分析较为薄弱。特别是受简牍材料和科技水平等方面的影响，建立在居延新简文字原貌基础上展开的汉字形体研究工作甚少，仍需进一步深化研究。

居延新简所处的今文字阶段，汉字构形依据发生变化，由表示物象转为表示词的音义。新简中的正规字体与变异字体交替发展，加之行款、笔顺、书写载体等客观因素对字形演变的较大影响，使得新简文字呈现出多种字体共时发展、异体字形众多、字体趋于简化的演变趋势，体现出文字发展的历史传承性和演变的科学性。系统性地分析居延新简文字及其特点，可以全面了解篆体向古隶、古隶向汉隶、古隶向草体、汉隶向楷体、行书体转变的轨迹和脉络，对于我们深入考察隶变机制、挖掘隶变规律、字体演变规律有十分重要的参考价值。

（四）辅助其他学科研究

对出土文献文字的整理和正确释读是开展其他各项文献研究、历史研究的重要前提。从文字学角度对居延新简文字进行分析和解读，对一些符号和字形作出正确判定，才能对简牍内容进行正确的理解，在此基础上开展其他相关的研究。此外，目前记录汉代前后时期字形的辞书屈指可数，且多为选择性摘取简牍中的部分字形作为字例。居延新简中大量字形字迹清晰可辨，异写异构字形丰富，对这些字形进行整理和汇编可以填补辞书收字不全的空白，完善字典辞书的编纂。

第一章　居延新简字体研究

第一节　字体概述

一、字体定义和发展

字体是文字学中的一个重要概念，由于人们谈到字体往往会和书法艺术结合起来，所以在很长一段时间内并没有得到文字学界的重视，也没有一个很明确的定义。《说文解字·叙》曰："自尔秦书有八体：一曰大篆，二曰小篆，三曰刻符，四曰虫书，五曰摹印，六曰署书，七曰殳书，八曰隶书。"[①]可见，至少在秦代，已经有对字体的划分和命名了。

启功先生认为："所谓字体，即是指文字的形状，它包括两个方面：其一是指文字的组织构造以至它所属的大类型、总风格。例如说某字是象什么形、指什么事，某字是什么形什么声；或看它是属于'篆''隶''草''真''行'的哪一种。其二是指某一书家、某一流派的艺术风格。例如说'欧体''颜体'等。我们知道一个书家或流派的艺术风格，多是指它们在一种大类型中的小分别。"[②]郭绍虞先生在《从书法中窥测字体的演变》一文中指出："就汉字而论字体，有三种不同的含义：一指文字的形体；二指书写的字体；三指书法家的字体。这三种意义互有关联但各有分别。就文字的形体讲，只须分为正草二体。就书写的字体讲，一般又分为正草隶篆四体，或真行草隶篆五体。就书法家的字体讲，那是指各家书法的风格，可以分得很多，最流行的如颜体、柳体、欧体、赵体之类便是。"[③]王宁先生认为："汉字字体指不同时

① [东汉]许慎：《说文解字》，中华书局，1963年，第315页。
② 启功：《古代字体论稿》，文物出版社，1964年，第1页。
③ 郭绍虞：《从书法中窥测字体的演变》，《学术月刊》，1961年第9期。

代、不同用途（鼎彝、碑版、书册、信札等）、不同书写工具（笔、刀等）、不同书写方法（笔写、刀刻、范铸等）、不同地区所形成的汉字书写的大类别和总风格。汉字字体在今文字阶段形成了正规字体和变异字体的差异。一般把隶书、楷书称作正规字体，行书、草书称作变异字体。”①

综合以上观点，我们认为，字体是一个集体的概念，是对某一类字的整体的称说，相同类型的字应具有相同的结构方式和风格属性。对字体的研究离不开对字形的研究，字形是某一个单独文字的形体结构，字体研究应从对单个文字的构形、结构的角度出发，总结某一阶段具有某一类风格字形的共同特点。字体的研究应该立足于“体”的特点，分析文字的式样特征和体态风格。

纵观文字形体演变历史，不同字体的转变开端总是始于前一类字体的书写元素的细微变化，进而发展产生新的书写方式、新的形体姿态，经过重新命名成为一种新的字体。“凡是一种书体，必定是经过自然的因革损益，逐渐演变，在群众中间广泛流行，然后把它固定下来。因此，如说某一书体为某人所创，是不可信，也是很难成立的。所谓创始人，只是由他对这一书体经过一番有系统的整理而已。”②

目前，我们已知最早的汉字是殷商时期的甲骨文，甲骨文采用刻写的形式，用尖锐刻刀在坚硬的龟甲兽骨上刻写文字，线条细直，字形生硬。从商代到西周，在青铜器上范铸铭文盛行，到西周时期，在象形的基础上，文字书写线条变细，原有的实体点块也改为线条。

秦始皇统一六国，命李斯等人作书，采用小篆字体，推广至天下，篆体成为当时正式的字体。篆体字形的文字线条粗细均匀、横平竖直、弯曲圆转，整体字形瘦长，左右平衡对称。字形虽然美观但是书写起来很慢，不能满足社会日常用字快速记录语言的需要，人们在书写时也不会精描细画得绝对标准，于是草率的便捷的隶体应运而生。

---

① 王宁：《汉字构形学导论》，商务印书馆，2015年，第2页。
② 北京中国书法研究社编：《各种书体源流浅说》，人民美术出版社，2014年，第111页。

隶体字打破篆体的结构，改变篆体的线条，篆体虽然作为官方颁布的正式文字，但由于本身结构和书写元素的限制，并没有被社会大众广泛使用。在秦代和西汉初期，古隶盛行，古隶是快速书写的篆体字，一方面保留了篆体的成分，另一方面向书写便捷的字体发展。

在西汉中期，成熟的八分隶字体产生，在古隶的基础上进一步变圆为方，变曲为直。与古隶字体已截然不同，变为纯粹的汉隶。八分隶字形呈扁方形，笔画“蚕头雁尾”，一波三折，藏锋、露锋、方笔、圆笔、顿笔、上挑等笔法皆有，是具有成熟笔画系统的字体。

古隶的正规写法演变为八分隶，古隶的草率字形演变为汉代的草体，八分隶之后演变为行书体、楷体，至楷体形成之后，汉字字体演变完成。

二、字体和书体

长期以来，书体和字体两个概念一直混而不分，然二者应当有所区别。启功先生在《古代字体论稿》中所说“个人或流派的风格”可以认为是对书体准确客观的定义。书体实际也可以理解为书法体，是书法学、美学的研究范畴。指某一位书法家或某一流派在书写某种字体时所具有的独特风格，讲究书写的笔法、章法和艺术美感。例如我们常见的“欧（阳询）体”“柳（公权）体”“颜（真卿）体”等。书体侧重从艺术审美的角度分析字体，反映汉字的美化书写，尽管在分析字体的特征时会借用书体中的相关概念来描写，但其侧重点和研究目的与书体研究是要严格区分的。刘涛先生认为：“字体讲究文字的构造原则，着眼于汉字形体的共性和稳定性；书体强调活泼的书写性所形成的变异样态及其特殊性，立足于书法。”①

本书从文字的整体风格入手对居延新简文字字体进行深入研究，将所有字形按其风格特征进行分类，分为不同的字体，分析每种字体的笔画产生方式、构件变化特征、整字结构布局等，对居延新简字体的总体特点。

① 刘涛：《漫说“书体”》，《文史知识》，1995年第12期。

三、居延新简字体概况

居延新简文字书写时代为西汉中晚期到东汉初期，在这一时期，篆体字形消失，汉字进入今文字阶段，笔画开始萌芽，字体特征明显，变化丰富多样。本章按照居延新简文字特征，结合汉字发展顺序和简牍纪年对新简字形进行划分，分析新简不同字体的特征和相互关系，客观呈现新简中的字体现象。

居延新简中有大量的纪年简，这些简牍是纪实材料，最早为西汉昭帝始元五年（前81年），最晚为东汉安帝永初五年（111年）。本研究对字迹清晰可辨的纪年简数量整理情况如下：

居延新简纪年简数量参照表

西汉	汉昭帝（始元4[①]　元凤0　元平0） 汉宣帝（本始1　地节5　元康21　神爵25　五凤32　甘露33　黄龙2） 汉元帝（初元18　永光19　建昭38　竟宁5） 汉成帝（建始42　河平8　阳朔17　鸿嘉15　永始15　元延10　绥和10） 汉哀帝（建平36　元寿5） 汉平帝（元始8）
新莽	王莽（居摄9　初始0　始建国113　天凤5　地皇4） 更始19 建世10 复汉1 汉元始1
东汉	光武帝（建武105　建武中元0） 汉明帝（永平0） 汉章帝（建初0　元和3　章和0） 汉和帝（永元3　元兴0） 汉殇帝（延平0） 汉安帝（永初1）

以上是居延新简纪年简的数量和年代情况，“实际上西汉武帝时期和东汉建武八年以后的简非常稀少，而昭帝至新莽的年号基本上是连续的，属于

① 括号内为年号，数字为简的数量。例如“始元4”，表示带有年号始元字样的简共计4支。

宣帝时期的最多。新莽末至建武初的，除刘玄的更始二、三年和赤眉军刘盆子政权的建世二年外，还有割据陇西的隗嚣的复汉元年（《后汉书》等记载均作‘汉复’）和西汉平帝年号顺延的汉元始二十六年（相当于东汉光武帝建武二年）。直到建武三年，才统一改奉东汉正朔”①。西汉历史从公元前202年开始，刘邦称帝，立国号为汉，历史上称之为西汉。到公元8年12月，王莽篡汉，自立称帝，改国号为新。公元25年，刘秀称帝，沿用年号汉，史称东汉，至公元220年终。据此可以认定，居延新简的文字大部分应属于西汉中晚期到东汉初期的字体。

这一时期是隶书字体从发展走向成熟的关键时期。正如赵平安先生在《隶变研究》中提到：“隶变过程总体上可分为两个阶段：第一阶段从小篆到古隶，第二阶段从古隶到今隶，这两个阶段自身和这两个阶段之间都具有渐次性和连续性。”②隶书字体的产生也是传承了前代的篆体字形和古隶字形，经过一个漫长的时期逐渐形成自己特有的笔画和结构特征。居延新简的书写时代正是汉字笔画形成的萌芽时期，字体演变的高峰期，其中的字体种类丰富多样，差异明显，按照不同特征，我们将其划分为篆体、隶体和草体三类，下文将分别详细分析，归纳每种字体特点，研究各字体之间的关系。

第二节 居延新简之篆体

一、篆体的定义

《说文解字·叙》：“秦始皇帝初兼天下，丞相李斯乃奏同之，罢其不与秦文合者。斯作《仓颉篇》，中车府令赵高作《爰历篇》，太史令胡母敬作

① 中国简牍集成编辑委员会主编：《中国简牍集成》第九册，敦煌文艺出版社，2001年，第2页。

② 赵平安：《隶变研究》，河北大学出版社，2009年，第28页。

《博学篇》，皆取史籀大篆或颇省改，所谓小篆者也。”[①]秦始皇兼并天下之后，为有利于国家的统治，实施“书同文”的政策，命丞相李斯等人创制新的文字书写形体，即“小篆”。这是汉字发展史上一次重要的通过政治手段对字体演变进行干预的行为，对汉字的形体产生了极大的影响。经过整理后的篆体字形由弯曲圆转的线条和点块组成，每个字形的线条和点块都表示局部的物象，数量固定、笔形固定，不能随意增减和改变；部首的写法和位置固定；线条的书写均匀，体态圆转，结构匀称。

二、居延新简篆体特征

居延新简文字以西汉中晚期为主，秦代小篆字体仍对此时的字形有一定的影响，但这个时期篆体已经不再是主要使用的文字，因此新简中的篆体字形已经不属于标准的小篆，准确地应该称为“带有篆意的字体”，本书整理的居延新简所有可识别的篆体字形中，除去练字简，有以下几例：

居延新简篆体字形表

例字	篆体	新简中篆体	新简中其他字形
六	六	（EPT51485）	（EPT51410）
心	心	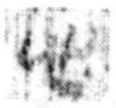（EPT52193）	（EPT05076）
紀	紀	（EPT52385）	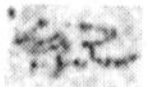（EPT50094）
功	功	（EPT58109）	（EPT14020）
功	功	（EPT58109）	（EPT50194）
熉	熉	（EPT59896）	（EPT59049）

① ［东汉］许慎：《说文解字》，中华书局，1963年，第315页。

续表

例字	篆体	新简中篆体	新简中其他字形
幸		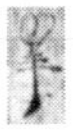（EPT59896）	（EPT58088）
没		（EPT59369）	（EPF22045）
平		（EPT06074）	（EPT59163）

以上是居延新简中为数不多的篆体字例，将这些字形与《说文》小篆对比，可以明显看出有以下特点：

（一）篆体象形成分消失

心：新简中呈现为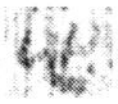（心，EPT52193）。与其他八个字形相比，这是保留篆体成分最多的一例，笔画的位置和连接方式仍按照篆体的方式结合，但已经将篆体的线条“乚”改写为隶体的笔画竖弯。

（二）结构趋向扁平

六：小篆“六”写作，上端为曲笔，下端为左右对称带弧度的竖长线条，四个线条全部相切，整体字形呈纵向走势。新简中的“六”将篆体上端的短竖笔画改为点画，将曲线拉直变为长横画。但下半部分的撇画和捺点写为相对的两个曲笔“”，从着墨的轻重和笔形的走势，可以判断这两个曲笔的书写都是两笔完成，第一笔是向内的短横笔画，起笔有下压和停顿；第二笔是向外的弯笔画，收笔有露锋挑势，呈圆弧形，两个笔画相互连接，看起来与篆体中的弯曲线条非常相似。新简中的字形与篆体最大的不同在于整个字形呈现为扁平形，笔画在扁平的结构中均匀分布，笔画之间有的相离，有的相切，与成熟的八分隶字形相似。

功：小篆中的“”只有右侧构件“力”有曲线，新简中的两例字形，将左侧构件“工”的横画写为弯笔，右侧“力”的外围线条“”在篆体中由三笔书写完成，新简中写为逆向书写的弯笔，是一种过度模仿小篆的写法，

笔画采用弯曲的线条，整字结构却改为扁平。

（三）笔画保留篆意

平：小篆中的末笔是弯笔“丿”，新简中的写法将小篆的上半部分改造为两个横画和两个点画，末笔的中间竖画虽然上穿中间的横画，但收尾时仍保留小篆的弯曲写法。

紀：新简中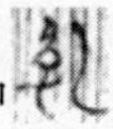（紀，EPT52385），左侧构件已将篆体的“∩”改写为两个短横画，但是中间的竖画和右边的构件“已”却写为弯笔，特别是右侧的构件“已”，由一笔书写完成，笔形与小篆中的线条走势完全相同。

没：新简中的写法是将左侧的“水”改为“氵”，但右侧构件已改造为“殳”，笔画转折弯曲，与篆体线条相似，特别是“又”的写法完全与小篆相同。

幸：新简中的（幸，EPT59896），下半部分无论是笔画的形状还是组合方式，已经是规范的隶体，而上半部分是一个几乎看不出构形的曲线组合，从线条的形状可以看出，上半部分采用篆体的书写方式。

通过对以上字形的分析，可以看出，新简中的这些字形很难严格划分为篆体还是隶体，更多的是两种不同字体的糅合交织，我们可以将这些字形归属于带有篆意的字体。按照时间判断，在西汉中晚期到东汉初期，篆体字形已经是一种“古文字”，书写者在书写这样的字形时会受到当时通行的隶书体的影响，将字形超越秦小篆结构布局的模式，只保留相识度很高的笔形。这种字形的出现说明篆体字形对后代字体的影响还存在，也说明居延新简的书写者对古文字小篆字形的掌握还较为陌生。

第三节　居延新简之古隶

一、古隶的定义

“为了与后期成熟的隶书相区别，经常把战国时期、秦和西汉的隶书，合称为早期隶书，或者‘古隶’。虽然小篆是秦代的主要官方用字，作为一种新兴的辅助字体，隶书的地位还是很低的，其名称就代表了它的身份。但是，由于隶书书写起来比小篆方便很多，所以在秦代时，隶书实际上已经动摇了小篆的统治地位。到了西汉时，当时离秦始皇帝用小篆统一六国文字时间并不太久，但隶书已经取代了小篆，而成为最主要的字体。”[①]裘锡圭先生认为：“隶书称为汉隶，汉隶形成之前的隶书称为秦隶。秦隶也称古隶，由于秦隶也包括汉隶形成前的汉代隶书，称它为古隶比较合理。”[②]居延新简文字的书写时间以西汉中晚期到东汉初期为主，其中的古隶字形承袭西汉初期古隶字体特征，处于逐渐向八分隶发展的阶段。与西汉早期古隶相比，这类字形中的部分笔画呈现出八分隶的形体，整字结构也趋于扁平，但仍保留大量古隶的特征，下面我们将结合具体字例分析居延新简中古隶的特点。

二、居延新简古隶特征

西汉早期的古隶字形结体与小篆相似，呈纵向之势，单字大小不等，“用笔上，横画落笔逆锋顿按，运行时逐渐上提，收笔不回锋，形成头粗尾细的模式，与出土的战国简牍帛书墨迹所普遍使用的笔法接近”[③]。居延新简中的古隶，在字形和笔画上保留古隶的特点，同时又可见到八分隶的端倪。例如：

① 崔志强：《习书有法》，中华书局，2014年，第172页。
② 裘锡圭：《文字学概要》，商务印书馆，1988年，第79页。
③ 华人德：《中国书法史·两汉卷》，江苏教育出版社，2009年，第46页。

（EPT51193）

（EPT51616）

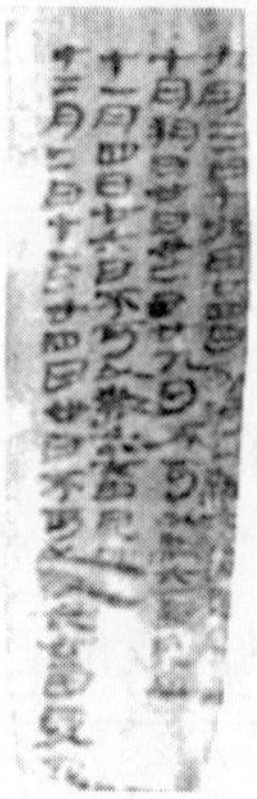
（EPT58021）

（EPT57071）

以上四例中的字体与汉代早期古隶近似又不完全相同，前三例字形结体扁平，笔画工整。横画的书写笔形相同，藏锋起笔，露锋收笔，捺画收笔处有明显的按顿，已有微小的波磔之势。

居延新简的古隶笔画和字体结构继承了早期古隶的特征，又向成熟的八分隶发展，下表通过对睡虎地秦简、马王堆帛书、居延新简、东汉碑刻文字的对比，进一步揭示新简中古隶的特征：

早期古隶、新简古隶、八分隶字形对照表

例字	篆体	早期古隶字体	新简古隶字体	八分隶字体	东汉碑刻字体
三	三	 （马·老甲382）	 （EPT40051）	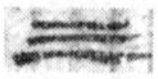 （EPT08001）	 （西狭颂）
王	王	 （马·老甲288）	 （EPT48058）	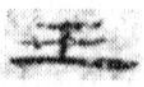 （EPT52478）	 （肥致碑）
生		 （马·老甲270）	 （EPF22167）	 （EPT40203）	 （阳嘉残碑）
月		 （睡·法127）	 （EPT58021）	 （EPT65342）	 （乙瑛碑）

续表

守	守	早期古隶字体	新简古隶字体	八分隶字体	东汉碑刻字体
守		（马・老甲370）	（EPT52168）	（EPF22082）	（肥致碑）
子		（马・春73）	（EPT57090）	（EPT58030）	（石门颂）
可		（马・老甲18）	（EPT58021）	（EPT59009）	（鲜于璜碑）
于		（马・老甲185）	（EPT57071）	（EPT57057）	（杨着碑）
吞		缺	（EPT51616）	｛ES（T119）.2｝	缺
酉		（马・老甲385）	（EPT57071）	（EPT56182）	（乙瑛碑）
正		（马・老甲192）	（EPT51545）	（EPT59205）	（西狭颂）
淳		（长・相41上）	（EPT57071）	（EPT51346）	（营陵置社碑）
哀		（马・老甲399）	（EPT58025）	（EPT52340）	（北海相景君碑）
水		（马・老乙216上）	（EPT57015）	（EPF22042）	（曹全碑）
見		（马・老乙228下）	（EPT56107）	（EPF22686）	（肥致碑）

续表

周	周	早期古隶字体	新简古隶字体	八分隶字体	东汉碑刻字体
告	告	（长·周92下）	（EPT51064）	（EPT57048）	（曹全碑）
周	周	（马·老甲64）	（EPT68016）	（EPT59579）	（史晨后碑）
角	角	（马·老乙151下）	（EPT57052）	（EPT06077）	（曹全碑）
耳	耳	（马·老甲328）	（EPF22325）	（EPT51212）	（许安国墓祠题记）
失	失	（马·老甲58）	（EPT10011）	｛ES（T119）.3｝	缺
温	温	（长·遣一109）	（EPT56119）	（EPT50007）	（鲜于璜碑）
治	治	（睡·法74）	（EPT59115）	（EPT52110）	缺
河	河	（马·战275）	（EPT05005）	（EPT59003）	（肥致碑）
高	高	（马·老甲96）	（EPF22325）	（EPT40007）	（景云碑）
慎	慎	（马·老甲223）	（EPF22506）	（EPF22741）	（景君碑）
悔	悔	（马·战208）	（EPT51500）	（EPT52165）	（熹平《周易》）

通过上表多种字形的对比可以发现，居延新简中的古隶整体与早期古隶字形近似，个别地方有一些不同，具体有以下特点：

（一）笔画方面

1. 改变篆体圆转线条

汉字由古文字进入今文字阶段，构形依据由物象转换为词的音义，丧失了象形的意味，字形由“画”变为“写”，篆体的圆转线条变为平直、方折的笔画。篆体的线条粗细均匀，隶体笔画有粗细和起伏的变化。例如横画，新简古隶中的横画有两种，向上斜出露锋和有波磔的长横。如：（三，EPT40051）、（生，EPF22167）。“三”的三个横画收笔处已出现略微上扬之势；“生”的长横画出现一波三折的写法，可以明显看出起笔时顿笔下压，收笔下压后上挑，但还不能算成熟的隶体笔形，因为在一个字形中的多个横画，起笔的按顿和收笔的上扬写法不固定。到成熟的八分隶时，不同位置横画的笔形已经完全不同，“三”“生”的前两笔横画，起笔均为向左下方的明显按顿，收笔藏锋无上扬，只有末笔的横画起笔向下顿笔，收笔下压后上扬露锋，已经出现“蚕头雁尾”的书写方式，如（三，西狭颂）、（生，阳嘉残碑）。

2. 竖弯出现折笔之势

古隶的竖弯笔画仍可以看作是篆体线条的变形，笔画向左下方斜出，运笔无停顿，弧线完成，收笔露锋或藏锋回笔，这种笔画在早期古隶中常见，是特有的笔画书写方式。如：（可，马·老甲18）、（子，马·春73）、（守，马·老甲370）的末笔，同篆体的曲线非常相似。这种笔画往往会使整体字形向侧方倾斜，新简古隶在书写这样的笔画时，出现折角，缩短弯画的弧线长度，是成熟八分隶横折、竖弯笔画的萌芽，如：

（月，EPT58021）、（于，EPT57071）。

3．收笔按顿加重

在古隶中，我们可以见到很多收笔向左右弯曲的弧笔，在收笔时并不出锋，有明显的按顿，在向下书写的过程中，笔画越来越粗，用墨加重，例如：（可，EPT59536）、（史，EPT05047）、（寸，EPT59500）的末笔。“史”的末笔写为直捺，由于收笔处离执笔的右手距离越来越近，所以越到收笔处越加重，在西汉早期的古隶中常见这样的笔法，如：（見，马・老乙 228 下）。新简古隶中也有大量的这种写法，但从整体字形分析，新简中的古隶已经是继早期古隶之后向前演变的一种字体，更接近成熟的隶体。新简中“見”字的末笔缩短了弧线长度，向上挑起，并加重笔墨，如：（見，EPT56107）。这种写法有可能就是八分隶波磔笔画的来源。

4．偏旁写法萌芽

篆体中的字形单独书写和作为偏旁时的写法是一致的，到古隶时期，整字做偏旁时已出现变异的形体，但偏旁笔画的写法尚未成熟。例如：

水：在早期古隶中做偏旁时已写为“氵”，如：（温，长・遣一 109）、（治，睡・法 74）、（河，马・战 275）。但这三个字形中的“氵”，三个短横画的笔形几乎完全相同，互换位置也不会影响整字的识别。且三个横画书写时的水平位置也不固定，可以整体向上，也可以整体向下。新简的古隶字形中，“氵”已经明显呈现出上提之势，如：（温，EPT56119）、（治，EPT59115）、（河，EPT05005），这三个字形的左侧构件，上面两横画的倾斜度相似，第三笔的笔程更长，倾斜度更大，随着整字结构的稳定，偏旁的写法也趋于固定。

高：古隶中的“高”呈现为（马・老甲96），上部写为撇画和捺画组合，与古文字写法相近。新简古隶字形，左边的笔画仍写作撇画，但已经缩短了笔程，右边的笔画已经变形为横画（高，EPF22325），与成熟偏旁“亠”几乎一致。

“心”的篆体为，作为偏旁时，形体发生改变。在早期古隶中，“心”作为偏旁，整体字形仍保持篆体的细长形，中间笔画“乚”保持篆体中的向右弯笔势，如：（慎，马・老甲223），有的古隶字形甚至将这个笔画直接写为竖弯，整字变为半包围结构，如：（悍，马・战72）、（悔，马・战208）。到居延新简时期，“忄”的竖画已经明显拉直，但两侧的笔画仍保持与竖画相连接，左侧写为竖提，右侧写为短撇，都是为了在收笔时与中间的竖画连接，尽量与篆体字形保持相似，如：（恢，EPT27043）、（惲，EPF22351）。东汉碑刻时期“心”的左右两笔已写为短竖画，作为偏旁时的写法基本固定，如：（惟，西狭颂）、（恤，张迁碑）。因此，新简中的古隶字形作为偏旁时的写法处于萌芽时期，写法已经与成熟的八分隶中偏旁形体非常接近。

5. 方折笔画萌芽

方折笔画的书写方式是笔画方向的改变，如果为了书写更加快捷，可以将折笔拆分为两个笔画分别书写，这在成熟的八分隶中已经出现。在新简的古隶字形中，这样的笔画仍处于由早期古隶的弧线向八分隶的折笔过渡的阶段，例如：（四，EPT05139）、（君，EPT51033）、（國，EPF22273），这三个字形的右上角笔画都写为有折角的横折笔画，但折角较为圆润，不是标准八分隶中的横折笔画。

6. 仍有逆向笔画

早期古隶有逆向书写的笔画，在新简的古隶字形中也有，例如（會，EPT51224）、（畜，EPT58021），构件“曰”和“田”，左下角都被书写为笔画竖右缓弯“乚”，到八分隶时才改为竖画和横画两个笔画。

（二）结构方面

1. 篆体象形成分消失

小篆、早期古隶、新简古隶字形对照表

例字	篆体	早期古隶	新简古隶
鳥	鳥	（马·老甲 36）	（EPT59582）
為	為	（马·战 38）	（EPT49003）
右	右	（马·战 187）	（EPT40207）
史	史	（马·战 233）	（EPT05047）
取	取	（马·战 15）	（EPT65007）
事	事	（马·战 186）	（EPT50151）
苛	苛	（马·老甲 339）	（EPT50171）
苦	苦	（马·战 39）	（EPT06017）
天	天	（马·战 37）	（EPT59023）

在上表中，早期古隶的“鳥”“為”仍能看出鸟和大象的形体，新简古隶中的“鳥”“為”整体呈略扁的方形，末尾构件四个点画不再象形，无论是笔形还是在整字中的位置已经稳定。构件中有“又”的字形，在早期古隶中

"又"的写法与篆体"ㄋ"相同，第二笔是横折"㇆"，向下直行拉长。新简古隶中将这个"㇆"笔画变为直行向下的长点，或者拉直，新简中"事"字只有一例横画在收尾时略向下斜，其余字形全部写为直横画。

早期古隶中的从"艸"之字，构件的形状多写为"艸"形，在新简古隶中已经被快速书写为"丷"，基本看不出"艸"形了。

早期古隶中的"天"是对篆体线条的分段改造，篆体线条"∩"被分写为左右两笔，保持篆体的字形，在新简古隶中，由于书写加快，"天"的两笔也拉直为一长横，看不出篆体的痕迹。

由此可见，在早期古隶中，无论是笔画的书写还是整字结构，都仍保留有篆体的痕迹，而在新简古隶字形中，篆体成分已经完全消失，笔画组合体和整字结构更加成熟稳定。

2. 打破篆体结构，更趋扁方稳定

古隶字形打破了篆体纵向取势的结体风格，无论形体是长的还是扁的，在古隶字形中都表现出左右舒展、横向外延的倾向。笔画的走向和组合位置会影响整字的形体方正美观，在早期古隶阶段，笔画的形状尚未成熟，同一个笔画写得长一点儿、短一点儿、斜一点儿，对这个字形不会产生很大影响。古隶的笔画已经开始将篆体的线条拉直，在拉直的过程中，整体字形自然会向方正发展，但这种笔画的改造只是刚刚开始，并不成熟，没有形成固定的改写规则，笔画的长短和形状在书写时都会因书写者的个体原因而存在较大差异，整体字形也不是标准的正方形或扁方形，会有不同方向和不同程度的倾斜，所以古隶中的字形有正方形、横向扁平形、纵向拉长形、左右倾斜形，等等。到新简古隶时期，在快速书写的支配下，过长的笔画和弧线形笔画通过缩短和改变笔形都得到了一定的改进，字形也趋于扁方，离成熟的八分隶越来越近。

第四节　居延新简之八分隶

一、八分隶的定义

许慎在《说文解字・叙》中提出："是时秦烧灭经书，涤除旧典，大发隶卒，兴役戍，官狱职务繁，初有隶书，以趣约易，而古文由此绝矣。"①《汉书・艺文志》中说："是时始造隶书矣，起於狱官多事，苟趋省易，施之於徒隶也。"②古人认为，隶书是由于狱卒职务繁忙而创造的一种文字书写方式。

今天，我们知道，隶体字形的产生并非某一个人创作而成，也不是狱卒徒隶之人专用的字体，更不是秦国独有的文字形体，而是文字本身发展演变的必然结果。由于种种原因，战国晚期只有秦系文字的隶体流传下来，但我们不能否认六国文字也经历了隶变的过程。"从汉字发展史的角度看，战国后期整个汉字体系发生了由线条化向笔画化的转变，各系文字总体变化相同，用'隶变'来表示这一变化是恰当的。'隶变'的定名虽然确是源于秦汉隶书的形体变化，但它也是整个汉字体系由线条化向笔画化转变的称谓，'隶'只是一个代表性标识。"③从汉字构件的功能来说，"早期汉字形体的构形依据的是物象，是直接表示物象，间接表示词的音义，所以形体才是象形的篆体，当汉字形体不再表示物象，而是直接表示词的音义时，才会发生隶变，即字形不再象形，不再是篆体，因为没有了物象这一依托对象"④。为与战国、秦代和西汉早期的古隶相区别，我们将成熟的隶体字形称为八分隶。

①［东汉］许慎：《说文解字》，中华书局，1963年，315页。
②［东汉］班固：《汉书・艺文志》，卷三十，中华书局，1962年，第1721页。
③ 王贵元：《隶变问题新探》，《暨南学报》（哲社版），2011年第3期。
④ 王贵元：《隶变问题新探》，《暨南学报》（哲社版），2011年第3期。

二、居延新简八分隶特征

裘锡圭先生认为，至迟在汉昭帝、汉宣帝之际，八分隶已经完全形成。居延新简的纪年简中，昭帝、宣帝时期简牍上的文字已出现成熟的八分隶字形，之后的汉元帝、汉成帝时期的八分隶更加娴熟。例如：

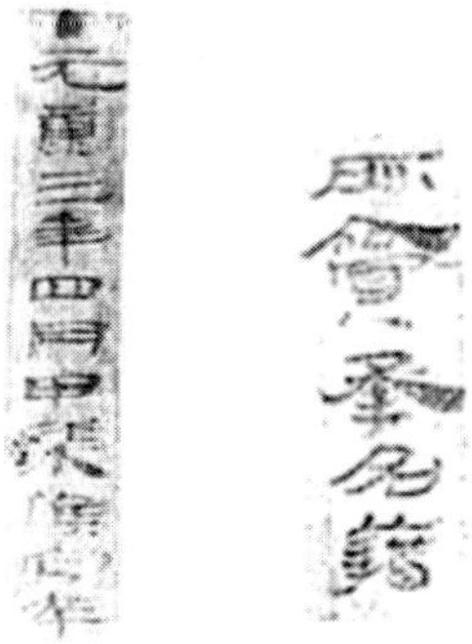

汉宣帝　元康三年：(EPT57065A)(EPT57065B)　神爵三年：(EPT580233)

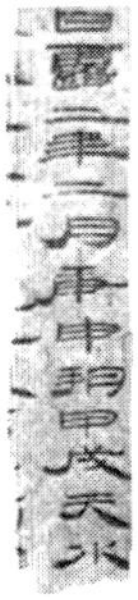

黄龙元年：(EPT52086A)　甘露二年：(EPT53064)(EPT53186)　五凤二年：(EPT59012)

汉元帝　建昭元年：(EPT51244)　永光六年：(EPT51289)　汉成帝　阳朔三年：(EPT52470)

裘锡圭先生总结八分隶的特点为：“结体一般都是扁方而规整的，用笔也有一套成规。向右下方的斜笔几乎都有捺脚，捺脚往往略向上挑。有些较长的横画，收笔时也略向上挑，形成上仰的捺脚式的尾巴。先竖后横的弯笔，收笔时多数上挑，而且幅度往往比较大。向左下方的斜笔（即撇），收笔时多数也略向上挑。收笔时上挑的横画，起笔时还往往有下垂的顿势，整道笔画略呈微波起伏之势，较长的捺有时也有这种笔势，如一、㇏。书法家用来形容隶书书法特点的‘挑法’‘波势’和‘波磔’（磔指捺一类笔势）等语，就是指这些笔法而言的。”[①] 八分隶在居延新简中具体表现为以下几点：

（一）笔画方面

1. 波磔特征明显

横画的波磔是隶体最有代表性的笔画形态，分为平波和斜波两种。平波主要用于横向书写笔画，起笔先从右上方向左下方作斜点，再回到右上方，继续向右运笔。在向右运笔时是一个先上后下的弧线运动，而不是单一直线运笔。最后在收笔时，有向下的顿笔动作，之后向右上方露锋斜出。整个笔画从开头到中间到结尾，可谓一波三折。新简中“一”呈现为（一，EPT51592），这种笔画的形状即“蚕头雁尾”。

新简八分隶字形中的横画，即使在收笔处没有按顿，或者按顿不明显，也要有上挑的笔势，突出八分隶横画的特征。如（車，EPT65459）的下端长横画起笔藏锋，可谓“蚕头”，收笔上扬露锋，与横画呈90度折角，（庫，EPT59166）的下端长横画，起笔已无按顿，在收笔时上扬明显。

斜波是指向下斜出的笔画，主要用于书写向右下方斜行的笔画。例如“人”的第二笔，“心”的竖弯钩笔画等。书写方式与平波相似，逆锋起笔，再向右下方运笔，并逐渐下压，收笔时停顿再向右上方提笔出锋。它的特点也是起笔处为“蚕头”状，中间是一个有弧度的线条，收笔处是“雁尾”

① 裘锡圭：《文字学概要》，商务印书馆，1988年，第78页。

状，例如：、。

2．大量使用弯画

新简八分隶字形为突出整字结构的扁平之势，大量使用弯画，在有些字形中改变原有笔画，优先使用弯笔，使整字向左右拉伸，如“伏”“狀”的右侧构件均为“犬”，由“犬”参构的“伏”“狀”在新简中呈现为（伏，EPT56264）、（狀，EPT51163），“犬”的撇画呈现为近似弯钩的笔画，呈现出明显的弧度，起笔和收笔位置均在左侧，加剧了整字的扁平感。东汉碑刻中“伏”呈现为（伏，景君碑），“狀”呈现为（狀，乙瑛碑），笔画变为撇画。

新简中“第”的部分字形呈现为（第，EPT56022），中间的笔画为竖右缓弯，与左侧弯画对称。

3．撇画

新简八分隶中的撇画可分为四种：竖撇、斜撇、短平撇和横撇。竖撇书写时先写一段自上而下的竖画之后缓慢地转向左下方画弧线斜出，收笔藏锋或向左上方提笔出锋。例如：，长撇是起笔没有纵向直行而直接向左下方斜出的笔画。长撇在书写时可以写为直行的笔画，也可以写为有弧度的笔画。在隶体字中常根据整体结构的扁方稳定进行选择。在书写有弧度的撇画时，自然画弧，没有明显的折笔，收笔时采用上挑笔法。例如：。撇画的特殊笔形，使整字向左侧拉伸，如：“下”在新简中呈现为（下，EPT50008），起笔的长横画下面使用撇画和点画，使整字的高度降低，结构向左右拉伸。

4．方折笔画

隶体笔画最大特点就是改变篆体的圆转线条，变为有棱角的方折笔画。八分隶中的方折笔画书写时的笔法并不固定，可以分为四种：先写横画再写竖画，折角方正，例如（曰，EPT59536）；横画、竖画圆转过度，折角为弧线，例如（曰，EPF22614）；横画竖画分别书写，二者紧密连接，例如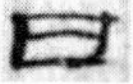（曰，EPF22045）；横画竖画分别书写，二者分离，例如（曰，EPT06014）。无论采用哪种方式，他们共同的特点是有折角，这也是区分八分隶与篆体的主要特征之一。

5. 点画

“点在隶书中是一种非常短促的笔形，从起笔到收结可以完全没有运行距离，或者运行距离极短。”① 在新简中呈现为圆点、顿点、竖点和撇点。篆体中的多种线条，在八分隶中都被改写为点画。例如：（心，EPT05076）、（京，EPT20027）、（禄，EPF22243），有很多楷体中的点画在八分隶时期写为横画。例如：（康，EPT56262）、（庚，EPT43006）、（永，EPT51289）。

6. 钩画

钩画最主要的特点是收笔时有45度左右的笔画转向，以尖锐出锋收笔。八分隶中有少量钩画与楷体钩画同形，如：（副，EPF22065）。大多数仍写为弯画，如（事，EPT52408）的末笔。收尾时不会出现角度明显的转向，常以藏锋收笔。换句话说，八分隶中的钩画是弯画向钩画过渡时期的笔画，呈现出标准的钩画属于笔画演变探索中的一种尝试，尚不能归属为发展成熟的钩画。

① 徐超、秦永龙：《书法教程》，北京大学出版社，2014年，第143页。

（三）结构方面

1. 结构扁平

八分隶字体呈扁方形，字体向左右两边分展，横向的波磔笔画更加重了这种横向的字势，例如：（大，EPT51273）、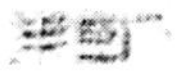（河，EPT59001）。一些本为竖长或左右结构的字形在八分隶中，通过夸大横向的笔画、调整结构位置等方式使整字也呈扁方形。例如：（月，EPT59098），起笔竖撇和右侧竖弯均向左弯，横画加长，整字扁平。（伏，EPT51054），左侧构件“亻”移至左上角，右侧构件的横画加长，整字结构改变，呈现出扁平之势。

2. 兼有草体字形

新简中的八分隶字形中有个别构件的写法采用草体的字形，如：（始，EPT51147），“始”在所在简的所有字形均为八分隶，字体结构扁平，字形中的横画波磔明显，撇画、捺画左右舒张，是典型的八分字体。“始”的左侧构件“女”也是八分的写法，右侧构件“台”的下端“口”写为一横画和两个点画，横画是与上端笔画连写而来，我们可以认为，这种写法与草体中“口”变形为“⺍”是一致的，草体“名”呈现为（名，EPT50022），构件“口”变形为“⺍”，且笔顺为先写左点、右点，最后写中间的竖点。草体“始”右下的“口”起笔虽为横画，但在进一步快速书写时，笔程缩短即为点画，“口”变形为“⺍”，与草体的写法完全相同。因此，（始，EPT51147）的字形是在隶体扁方的结构中采用了草体的写法，是草体对隶体字形影响的表现。

3. 个体差异显著

新简文字是汉代真实生活中实际使用的通行文字，由于书写者身份的不同，书写者的字形呈现出一定的个体差异。同样的隶体字形，在笔画、笔形、结构等方面会产生因人而异的不同变化。例如，在一支八分隶字形简上，不是每一个字形都是标准的扁平结构，编号（EPT51047）的简部分呈现见图甲，右侧文字结构扁方，左侧“算”则呈纵向竖长结构。编号（EPT51125）的简部分呈现见图乙，所有字形向右下倾斜，这是书写者个人书写习惯的体现。此外，有的简文捺画按顿明显，用墨浓重；有的简文横画波磔突出，收笔上挑夸张，这些各具特色的手写体在标准八分隶字体的基础上增加了个人书写风格，形成了新简文字的特点，从历史发展的角度来看，某种呈现普遍现象的个体特征很可能会成为影响字体发展的重要因素。

甲

乙

4. 将篆体字形笔画化

从早期古隶到新简古隶，字体逐渐脱离篆体的象形性，到八分隶时期，汉字完成由表示物象向表示词的音义的本质转变，字体不再象形。但在八分隶中我们仍然能看到一部分字体，采用隶体的波磔笔画、扁方结构来改写篆体的线条，例如：（曹，EPT40007）、（遷，EPT51187）。

第五节　居延新简之草体

一、草体的定义

汉代的通用字体，除了隶体外还有草体。关于草体字形的起源，古今说法不一，主要有五种观点：

“甲、草书与文字俱来说。宋张栻：‘草书不必近代有之，必自笔札以来便有之，但写得不谨，便成草书。’

乙、草书起于晚周说。唐张怀瓘：‘楚怀王使屈原造宪令，草稿未成，上官氏见欲夺之……盖草书之祖起于此。’

丙、草书起于秦末说。汉赵壹：‘盖秦之末，刑峻网密，官书繁冗，战攻并作，军书交驰，羽檄分飞，故为隶草，趣急速耳！’梁武帝：‘蔡邕云：昔秦之时，诸侯争长，简檄相传，望烽走驿，以篆隶之难，不能救速，遂作赴急之书，盖今草书是也。’

丁、草书起于汉初说。汉许慎：‘汉兴而有草书。’晋卫恒：‘汉兴而有草书，不知作者姓名。’

戊、草书始于史游《急就章》说。宋王愔：‘史游，汉元帝时黄门令，作《急就章》，解散隶体麤书之。’唐虞世南：‘史游制于《急就》，创立草稿而不之能。’唐张怀瓘：‘存字之梗概，损隶之规矩，纵任奔逸，赴俗《急就》，因草创之义，谓之草书。’”①

综合以上观点分析，草书之草，一为潦草之义，也就是快速书写形成的字体。二为草稿之义，也就是非正规的日常书写的字体。启功先生认为：“‘草’，本是草创、草率、草稿之义，含有初步、非正式、不成熟的意思。在字体方面，又有广狭二义：广义的，不论时代，凡写得潦草的字都可以算。但狭义的，或说是当作一种专门的字体名称，则是汉代才有的。《说文叙》说：‘汉兴有草书。’但直到‘新莽六书’，仍不列草书这一体。可见所谓‘汉兴有草书’只是说明它已产生，但还未列为正式的、合法的字体。”②裘锡圭先生认为，在古隶阶段，文字就有正规书写字体和快速书写字体之分，八分隶和草书就是古隶字体的正体和俗体演变而来。结合汉代出土简牍文字的考证，“草书的形成至迟不会晚于元、成之际，很可能在宣、元时代就已经形成

① 刘延涛：《草书通论》，陕西人民美术出版社，2014年，第7页。

② 启功：《古代字体论稿》，文物出版社，1964年，第34页。

了”[①]。本研究所分析的居延新简草体字形，成书于汉代，与魏晋时期今草相比，属于早期的草体字形。

二、居延新简草体特征

下图为居延新简中简号（EPT22188）到（EPT22193）的局部图，内容为东汉光武帝建武三年《误死马驹册》共计16枚），单行纵向书写，笔迹清晰，是典型的汉代草体字形。

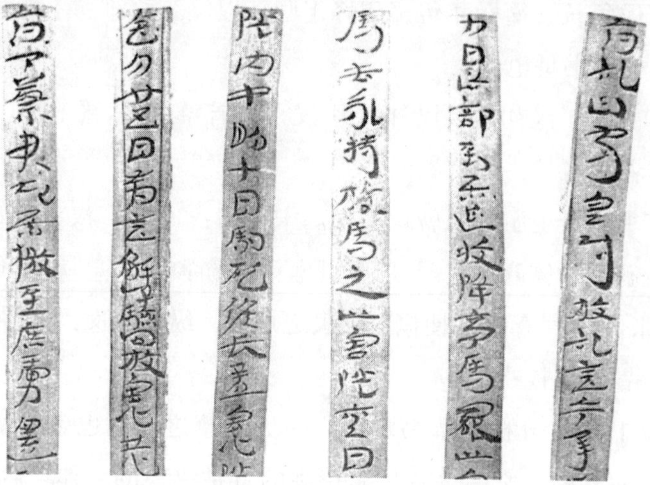

从上图的字形中可以发现，汉代草体字字独立书写，每个字形中虽有连笔，但也有独立的笔画，这些笔画多与隶体字形笔画相似。具体特征有以下几点：

（一）笔画方面

新简的草体多有连笔，将两个或两个以上的笔画用连续书写的一个复杂线条代替，我们称之为流线。一个字形中除了有连笔之外，还会有其他单独书写的笔画，这些笔画往往与隶体字形笔画相似甚至完全相同，我们在分析草体字形时，发现这些笔画仍保留了大量隶体笔画的特征。

① 裘锡圭：《文字学概要》，商务印书馆，1988年，第86页。

1. 笔画连写

“从连接状态来看，连笔可分为实连、虚连、意连三种。”[①]草体字形最大特征就是笔画的连写，新简草体的连笔多在一字之内，部分笔画连写，草化程度较低。极少量的字形出现整字所有笔画相连的写法，笔画的连断有一定的规则和顺序，可以类推。如：（馮，EPF22196），按照隶体的书写顺序将四个点画“灬”连写为一笔；（狀，EPT40036），按照隶体字形的笔顺，将左侧构件末笔与右侧构件起笔连接，剩余笔画的数量和形态都很清晰，容易识别。今草时期的连笔多为虚连，笔画之间牵连痕迹较多，甚至仅用一个笔画就完成一个字的书写，这也是早期草体与后期草体字形的区别。

2. 保留隶体横画波磔

新简草体横画并非直线运笔，而是有波磔的笔画，从起笔到收笔作弧线运笔，例如：新简中草体“其”呈现为（其，EPF22190），八分隶呈现为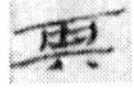（其，EPF22164），草体“言”新简中呈现为（言，EPF22187），八分隶呈现为（言，EPT05001）。这些字形虽属于不同的字体，但所有长横画起笔均自下而上，向右运笔，在收笔时略有按顿，再上扬露锋收笔，笔画呈现为波磔形态。有时草体中的横画书写速度加快，无法完成收笔时的上扬露锋，但整体笔画的走势仍保持波磔，如“廿”“長”在新简的草体中呈现为（廿，EPF22192）、（長，EPT59082），长横笔画都与隶体笔画相似。

3. 保留隶体横画收尾上挑

新简草体的笔画书写速度很快，横画的书写很难保持标准的一波三折，波磔特征和收尾的按顿笔法逐渐消失，但横画收笔时的上扬仍然保留在大量

① 中国书法院主编：《简帛书法研究》，荣宝斋出版社，2009年，第144页。

的草体字形中，如：（癸，EPF22187），第三笔横画呈现上扬，（劾，EPT68013）、（立，EPT68013）的第二笔横画均呈现上扬的笔锋。

4. 笔画减省明显

新简草体字形的笔画有的直接被省略，有的将多个笔画或复杂笔画简化为书写简单的笔画。如：（記，EPT20005），左侧构件“言”的下半部分被一个点画直接代替，右侧构件被连写为一个流线；（臢，EPF22191），末笔笔画竖弯替代了右边构件的多个笔画。

（二）结构方面

1. 采用隶体字形

“由于大部分字形来源于草率的古隶，古隶保留了一定的古文字成分，所以，汉代草书中也残留了一些古文字的特征。”[①]“恭”，篆体作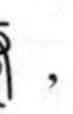，构件“心”写为，隶体作（恭，EPT59029），“心”的写法已经将弯笔变为直竖笔画；草体作（恭，EPF22192），构件“心”保留篆体的弯笔。“亭”篆体作，上部构件是，表示房屋顶部，隶体作（亭，EPT51145），上端已经改写为“亠”；新简中草体作（亭，EPT20013），上端写为“人”形，与篆体相同。“天”篆体作，隶体作（天，EPT40203），已将篆体的线条拉直，变为横画；草体作（天，EPT65059），很明显地保留了篆体的写法，将第二笔横画写为左右两画，再连笔书写。

2. 结构扁平

受八分隶的影响，新简中的草体字形虽采用连笔书写，但仍保持隶体的

① 李洪智：《汉代草书研究》，北京师范大学出版社，2014年，第154页。

扁平结构，如“月”，隶体字形为（月，EPT59003），结构扁平，起笔竖弯与右侧笔画同向左弯，使整字的左右拉伸感增强。草体呈现为（月，EPT43067），中间的两个短横画和写为一个上扬的横画，与起笔的撇画方向相同，整字扁平。“即”，隶体作（即，EPT59049），左右构件对称，整字呈扁平状。草体呈现为（即，EPF22195），整字共用四笔书写完成，左侧构件末笔与右侧构件起笔连写，整字结构扁方，末笔的竖画为了不使整字结构变长，在收笔时改向左弯。

3．字字独立

居延新简中的草体字形虽然有笔画的连写和构件的黏合，但每个字形都是独立的，字体中的构件多数都可以辨识清楚，这也是汉代草书字形的特点，与后期的今草狂草最大的不同之处。

4．一字多形

居延新简的草体存在一个字有多种写法的情况，这是由于草体字形对隶体字形的笔画、构件的改造方式多样造成的。例如，构件“口”在草体中就有写为三个点画（告，EPT50022）、两个点画（名，EPF22338）、一个点画（君，EPF16036）等多种字形；构件“貝”在简化过程中因简化程度不同呈现为“贝”形或“大”形，如：（责，EPT51244）、（责，EPT05160），使一个字具有多种草体字形。

5．多字一形

新简草体字形由于笔画的连写和构件的减省等原因，使一些隶体字形本不相同的汉字变为草体字形相同或非常相近的汉字。例如：

草体同形字对照表

序号	例字	隶体	草体
1	傳	（EPT40003）	（EPT48056）
	傅	（EPT48142）	（EPT04044）
2	幸	（EPT58088）	（EPT65031）
	年	（EPT50200）	（EPT40010）
3	未	（EPT59165）	（EPT51074）
	來	（EPT50200）	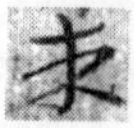（EPT08015）
4	墌	（EPT06037）	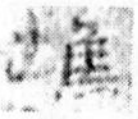（EPT59209）
	堠	（EPF22411）	（EPF22529）

一字多形现象多是由于某个构件存在多种改写方式而造成，写法不固定容易造成某一种写法与其他构件形体的混同，这样也就会出现多字一形现象，对字形的认定只能依赖上下文意判断。这种现象也说明，居延新简中的草体处于草书字体的早期阶段，尚未形成固定的书写符号系统，字形和笔画的选择仍处于探索之中。随着草体字形的日趋成熟，到今草阶段，这种别异性差的现象也逐渐消失。也就是说，在草体早期，书写的快捷占据字体发展的主导地位，在发展到一定程度时，整字布局的合理和别异功能将限制书写的快捷，取代其成为主导原则，影响字形的发展。也说明汉字的形体演变是一个漫长的逐渐变化的过程，任何字体的产生都不是瞬间突发的，分析汉字的形体应该将其放入整个字形发展史中研究。

第二章　居延新简笔画系统研究

第一节　笔画系统概述

一、笔画的产生和属性

“汉字笔画系统是由笔画种类和笔画组合关系构成的整体。”[①]笔画有广义和狭义之分，王宁先生认为：“汉字的实现必须书写，书写是认读的前提。今天看到的已经实现了的汉字，是在不同的载体上用不同的工具‘写’出来的。广义的‘书写’包括刻写、范铸、软硬笔描写等，这些不同的实现方式，决定了实现了的字有着不同的书写元素：刻痕（甲骨文、石刻、砖刻等）、铸迹（金文）、线条（篆文）、笔画（竹木简、帛书、隶书、楷书）都是汉字书写的结果，也就是汉字实现的广义的笔画。”[②]狭义的笔画专指今文字的笔画，今文字的笔画与古文字的点线都是文字的书写元素，但在构形功能上有着本质的区别。

古今文字构形层级及功能表[③]

字形阶段	构形层级	构形功能
古文字	整字	物象整体
	构件	
	点线	物象局部
今文字	整字	音义
	构件	
	笔画	无

① 王贵元：《汉字笔画系统形成的过程与机制》，《语言科学》，2014年第5期。
② 王宁：《汉字构形学导论》，商务印书馆，2015年，第77页。
③ 本表参考王贵元：《汉字笔画系统形成的过程与机制》，《语言科学》，2014年第5期。

通过上表可以得知，“对比古文字，今文字整字和构件的功能发生了转换，即由物象转换成了音义。当然同是音义，整字的音义是所表示的词的音义，而构件的音义是构成整字音义的构造成分，通常只是单项的构义或构音。因为无论词的音义还是构音、构义都是概括的、抽象的，所以形体上没有了制约，在书写快捷目的的作用下开始变篆为隶，产生了笔画。笔画层级既无表词功能，也无构义、构音功能，与古文字一点一线皆表示物象不同，笔画与字形表现对象脱离了直接关系。所以说今文字字形功能的认知焦点已上升为整字和构件，而笔画只成了书写成分”①。

“汉字发展到楷书，笔画已经定型，变为可以称说、可以论序、可以计数的书写单位。笔画写成以后的样式，称作笔形。”②笔画按笔形来定名称说。本书为与古文字的点块和线条相区别，所论及的笔画仅指今文字的笔画，指今文字书写时从落笔到起笔一次性书写而成的线条。

二、笔画系统演变原则

王贵元先生在《汉字笔画系统形成的过程与机制》一文中详细论证了汉字笔画系统的形成过程和研究方法。他认为，“笔画系统的形成过程应该是分段研究各时期汉字的笔画形态和数量，即对各阶段的定量字形进行穷尽性的笔画拆分和归纳，然后比较前后段的变化和发展情况，全面总结出笔画形成的详细过程”③。他对各时期汉字笔画进行分析后提出汉字的笔画系统分为发源期、形成期和完善期，三期的形体标志和起讫时间如下：

① 王贵元：《汉字笔画系统形成的过程与机制》，《语言科学》，2014年9月第5期。
② 王宁：《汉字构形学导论》，商务印书馆，2015年，第78页。
③ 王贵元：《汉字笔画系统形成的过程与机制》，《语言科学》，2014年9月第5期。

笔画生成阶段及其特征[1]

分期	标志	时间
发源期	篆体分解。	战国晚期至西汉末
形成期	篆体成分消失、基本笔画形成。有横、竖、点、撇、捺、折六种笔画。	东汉至魏晋
完善期	笔画定量定形。提画和钩画形成。点画范围扩展，短竖或短横变为点画。	南北朝以后

笔画由发源到形成再到完善，在演变过程中遵循以下几个原则：

（一）相似性原则

相似性原则指在将线条改造为笔画的过程中，首先应尽量按照线条的本来状态进行合理的改写，除了基本的拉直以外，在笔画的长度、方向、位置等方面应尽量与篆体笔形保持一致。这样做的原因是由于汉字无论如何改变，始终是表意为主的文字，今文字的书写元素笔画虽然不具有单独表意的能力，但其构成的构件无论表音还是表意都是整字构形系统的组成部分，这就要求今文字的笔画不可能毫无依据地随意更改。例如：篆体“人”作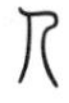，曲线拉直写为“人”，隶体不可能无理由地将曲线变为短横、点画等笔画，“人”如果写为“丿二”“丨八”等形，都无法合理表示“人”形；“涉”篆体作，如果只是为了书写快捷将曲线拉直，变为许多并列的竖直笔画，我们也无法理解其含义。如果改为整体表音的文字则会成为像日文、韩文一样的体系。

（二）便捷性原则

笔画作为汉字的书写元素，其职能就是构成方便书写的汉字形体。隶体之所以对篆体线条进行改造，除了文字自身的发展变化，一个主要的原因就是篆体书写复杂耗时，不能满足社会对文字快速书写记录语言的需求。所以笔画首先必须是比线条书写更快捷的元素；书写的便捷也基于字形和笔画的简捷，只有最小单位笔画书写快捷，才能提高整字的书写速度。在这样的

① 王贵元：《汉字笔画系统形成的过程与机制》，《语言科学》，2014年9月第5期。

要求下，笔画自然会对线条进行“反逆”和“趋直”的改造。王凤阳先生在《汉字学》中提出，篆体线条在被改为隶体笔画的过程中遵循“趋直性原则”和“反逆性原则”，也就是指将篆书中屈曲的线条改造为隶体中的直线形笔画，从几何学分析，两点之间直线最短。反逆性是从人执笔书写汉字时的生理习惯出发，自下而上、自右向左的逆方向书写必然没有顺向的速度快。

（三）经济性原则

受汉字自身系统性及使用者记忆能力的制约，无论是构件的数量还是笔画的数量，都不能无限制地增多。一个成熟的文字系统，其内部的构成成分应该具有很强的生产合成能力。汉字基本笔画的数量应限制在一定范围之内，靠有限笔画的重复使用和合理布局组成所有字形，而不能为每个字形单独创造笔画。在笔画系统产生之初，会出现大量形态相似的笔画同时存在的现象，这是笔画系统自我优化的初级阶段，经过一定时间的演变，构字能力差的笔画被淘汰或被构字能力强的笔画合并，笔画定量定形，成熟的笔画系统生成。这个过程是在经济性原则的支配下发生的。

（四）别异性原则

别异性原则是指在将篆体线条改造为隶体笔画的过程中应尽量避免由于改造而导致整字同形现象，若按照普遍的改造规律无法避免同形则采取另外的手段予以区别。隶体笔画在对篆体线条按照统一的方式改造的过程中，会出现由篆变隶之后字形相同的现象，例如：“日”和“曰”，篆体字形为“”“”，按照隶体将篆体曲线拉直，使用方折笔画的改造方法，“”拉直，“”改为竖画和横画，“”和“”都应隶定为“日”形；“月”和“肉”，篆体字形为“”“”，都应隶定为“月”形；“天”和“大”，篆体字形为“”和“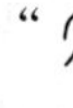”，都应隶定为“大”形。这种改造方式产生大量在形体上无法区别的字形，因此必须根据别异性进行改造。“”改造为“日”，整字形体瘦长；“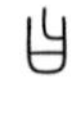”改造为“曰”，整字形体扁宽。“”

改造为“月”，中间线条拉直；“”改造为“肉”，中间的两个线条改为“⺼”形，与“月”相区别。“”的上部人头形改为单独的撇画，整字变为“夭”，“”隶定为“大”，与“夭”相区别。

（五）美观性原则

美观性是从书写者的审美心理出发，对汉字形体的结体取势进行主观干预和改造，使其符合审美的要求，王贵元先生在论述笔画系统形成机制的问题时，认为美观是支配笔画系统形成的重要原则之一，“整字、构件和笔画三级形体成分中优先考虑整字形体，即整字形体的布局合理、美观稳定是首要考虑因素”①。同一个字形在做独体字和做其他字构件时的形体发生变化，就是在整体字形美观方正，布局合理的原则下产生的变形。

以上我们论述了笔画系统演变过程中遵循的五项原则，实际在汉字演变的过程中，这五项原则一般不会单独起作用，常常是共同作用，影响笔画和字形的生成。例如，汉字“居”的字形，从篆体到隶体，体现了笔画改造中的相似性、便捷性和美观性的综合运用。“居”，篆体作，隶体对篆体改造时，遵照相似性原则，将曲线“”改为“户”，左上角不封口，最左侧的撇画是与第二个横画相连：（居，EPT48130）、（居，EPT48030），还有（尺，EPT58037）、（尺，ESC011），（屋，EPT52030）、（屋，EPT57108）等字形，都采用这种与篆体线条相似的改造方式。在东汉碑刻文字中，仍不封口，如：（居，郭稚文画像石墓）、（居，肥致碑）、（屋，景云碑）、（尼，甘陵相尚博残碑）。为了书写的便捷，去掉逆向笔画，用横折代替横画和短竖画，将“户”的笔画定为横折、

① 王贵元：《汉字笔画系统形成的过程与机制》，《语言科学》，2014年第5期。

横、撇三部分组成，显然可以提高书写速度。到三国时期，不封口的写法依然延续，但同时也出现了封口的写法：（居，走·竹三3473）、（尺，走·竹一9768）、（尾，走·竹三1762）。这是从整字的结构稳定出发，将左上角封闭，整字形体更加稳定美观，布局也显得更合理。笔画从其发源到形成，再到完善，是综合以上原则共同作用的结果。

第二节　笔画生成与改造的途径

按照汉字发展演变的序列，处于古文字阶段末端的篆体字形首先发展为古隶，古隶进一步发展为成熟的八分隶。这是今文字的笔画系统由形成到走向完善的多途探索的阶段。“多途探索指字形在打破篆体建立新的形体系统的过程中，同一原件采用多种方式进行改造，处于寻求最佳新形式的探索过程中。在多途探索中起主导作用的是书写便捷。多途探索贯穿于战国晚期隶变开始到现代汉字形成整个过程中，但其主导时期是隶变开始到字形中篆体成分彻底消失时期。篆体成分的完全消失表明新的字形体系已初步形成。”[①]居延新简文字上起西汉昭帝时期，下至东汉太康四年，历时200多年，正处于篆体消失之后，今文字快速发展定型的关键时期。这一时期的笔画在打破篆体线条的同时呈现出多种不同的演变方式。隶体字形的产生是基于对篆体字形的改造，将篆体的线条拉直，圆转的字形改为扁方形。这种改造不是单一型的，而是多选型的。其中包括将不同的篆体成分改造为同一个隶体成分，将一个篆体成分改造为不同的隶体成分等情况。以下我们将从笔画层面和笔画组合关系两方面，分别叙述居延新简中隶体字形对篆体字形的改造。

① 王贵元：《汉字发展史的几个核心问题》，《中国语文》，2013年第1期。

一、单独笔画的改造

汉字在从篆体演变为隶体的过程中，通过对篆体不同形状线条的改写，逐步固定了笔画的种类和形状。在这个过程中，每种笔画的定形并不是一蹴而就的，而是经过多种改造方式的不断探索和尝试，在平衡各种制约因素的前提下，最终形成汉字定量定形的笔画系统。以下为居延新简中，笔画对篆体线条不同的改造方式，说明如下：

（一）继承原貌

居延新简中，有一部分隶体字形的笔画仍然保留篆体的笔意，笔画的方向、长短、组合方式都与相应的小篆线条相近，这是由早期隶体字形笔画尚未完全脱离篆体的影响所致。例如：

元：篆体作 ，在新简中，“元”对篆体线条“乁”的改造，有三种方式：第一，改写为撇横 （元，EPT50171）；第二，改写为竖弯钩 （元，EPT49089）；第三，改写为横折右弯 （元，EPT43074）。其中横折右弯的改写方式所占比例较小，是这三种不同写法中保留篆体线条“乁”特征最多的一种改造方式。

苣：篆体作 ，新简中写为 （苣，EPT53104）、（苣，EPS4T2137），其中构件“巨”的中部“コ”对应小篆中的曲线“⊃”，在小篆中，这部分是一笔完成，在新简中也并未拆分为两笔，仍按照从左至右再返回左边的方式一笔完成，完全按照篆体的线条书写。这种笔画由于有逆向书写，不符合书写便捷的要求，在字形发展的后期，逐渐被拆分为“ㄱ”“一”两个笔画分别书写。

新字体的诞生和旧字体的消亡需要内部外部因素共同作用，隶体字形产生初期仍保留篆体字形的残留是符合历史发展规律的一种现象，表明这种改造还不彻底，隶体尚未成熟，随着隶体笔画自身的不断探索和完善，自然会将带有篆体痕迹的笔画取消。

（二）拆分线条

隶体字形对篆体字形进行改造的主要手段是将弯曲的线条拉直，改圆转为方折笔形，将复杂线条拆分重组。在改造的过程中，为了找到最佳的书写方式以实现对篆体中较长的单个线条或线条组合的合理改写，往往需要经过多种途径的尝试，这就造成在特定的时期内对同一线条采用多种不同的方式改写。

1. 按线条运笔方向拆分

（1）㇕

祠：篆体作，其中右边构件“司”的第一笔横折“㇕”，居延新简中将其改为横画与竖钩相切字形（祠，EPF22153）、横画与竖画相离字形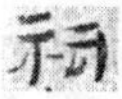（祠，EPF22159）、横画与竖撇相切字形（祠，EPF22161），这三种不同的改造方式均按照篆体线条的书写方向进行拆分。

（2）乚

止：篆体作，新简中的字形为（止，EPF22105）、（止，EPF22189）、（止，EPF16044）、（止，EPT52385），隶体已将篆体的“乚”改写为竖画和横画，或点画和横画两笔。

正：篆体作，在居延新简中，可识别的“正”字共计100例，按照对篆体线条的不同改写方式，新简中“正”的字形可分为四类写法：

第一，按照篆体字形，第四笔为竖弯，仍保留弧线弯曲，收笔时还有上挑的笔法：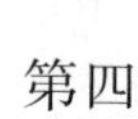（正，EPT51545）。

第二，第四笔为竖折笔画，但出现明确的折角（正，EPT56077）、（正，EPT65213）。

第三，第四笔竖折改写为两个笔画，一竖一横，或一点一横，整体字形更加稳定：（正，EPT52470）、（正，EPF22085）。

第四，由于快速书写，笔画置向改变，中间的竖画变为长点，最后两笔连写为一横画：（正，EPT52215）、（正，EPT58084），这种写法已见草体端倪。

2. 将逆向书写线条拆分

（1）

石：篆体作，在居延新简中，可识别的“石”字共计391例，“厂”没有一例是一笔书写完成，均为两笔，但横画和撇画的连接点和长短量差尚没有严格的规定，有的两个笔画相离：（石，EPT59065）、（石，EPT52375）；有的笔画相切，但位置和长度不固定：（石，EPT59178）、（石，EPT49062）；有的相接：（石，EPF22704）。

（2）凵

凵的笔画改造类型表

例字	小篆	改造方式	改造形体	新简字形
千		拉直	一	（EPT44033）
舌				（EPT49009）
件				（EPT40006）
省		变为左右两点	丷	（EPT65427）
逆				（EPT27030）
牛		一撇一横	𠂉	（EPT52394）

续表

例字	小篆	改造方式	改造形体	新简字形
干		保持弯曲	‿	（EPF22310）
牛				（EPT65041）
廿		变为三笔	凵	（EPT54013）
供		两竖画	‖	（EPT59055）

对篆体线条“凵”的多种改造方式可能会出现在同一个字中，例如新简中“牛”的写法有7种，区别在于对篆体上部“凵”的不同改写。

第一，将右侧拉直，改为两笔，一竖画一横画：（牛，EPF22024）。

第二，将左侧拉直，改为两笔，一横画一撇画：（牛，EPT52003）。

第三，拆分为三笔，两竖画一横画，改造一侧自下而上的逆向笔画：（牛，EPT57108）。

第四，全部拉直，变为一横画：（牛，EPT51253）。

第五，改为两点画：（牛，EPT53188）、（牛，EPF22063）。

第六，保留篆意，保持弯曲：（牛，EPF22341）。

第七，改为一撇一横，与现代汉字无别，不再使用自下而上的逆向笔画，拉直的同时将弯曲线条拆分为笔画组合体“𠃋”：（牛，EPT51687）、（牛，EPT52394）。

（3）〔

今：篆体作，“今”在新简中的写法有两种，字形下部的“〔”写为“卜”形或是“丁”形。下部写为“卜”形的字形有：（今，EPF22030）、（今，EPT65106）、（今，EPT65107），笔画的改造方式是将“〔”竖画拉直，上部短横与之分离，改为右侧点画。下部写为“丁”形的字形有：（今，EPT20019）、（今，EPT58002），笔画的改造方式是将下面的竖画拉直，放置于横画中间。显然这两种不同方式的改造，都符合隶书对篆体逆向书写的改造规律，而到东汉碑刻时期，我们可以发现，“今”字有（今，潘干碑）、（今，高颐双阙）的写法，将“〔”拆分之后重新组合，在书写快捷的推动下，产生现在“今”的字形，新的笔画“フ”应运而生。（今，营陵置社碑）、（今，华山庙碑），这种反向书写的字形被淘汰。

3．拆分之后与其他笔画重组

逆向书写也称为“逆笔”，因为有悖于书写的生理条件，在发展演变过程中这种笔形大多被改造为其他笔形。居延新简中部分字形的笔画即是将篆体中逆向书写的线条拆分为多个部分，按照书写的生理习惯和其所处的位置顺势连写为一个新的笔画。例如在不同字形中对“凵”的改造。

口：篆体作，“凵”是一个逆向书写的线条，在新简中，首先被拆分为竖、横、竖三个笔画，或者竖折、竖两个笔画。“口”的隶体字形依据这样的笔画改造方式产生：（口，EPT43072）、（口，EPT61004）、（口，EPT49009）；由于上部的横画与右侧的竖画位置接近，书写具有延续性，在书写快捷的作用下，自然将上端的横画与右侧竖画连笔书写为横折笔画“ㄱ”，整字变为由三个笔画“竖、横折、横”组成：（口，EPT65027）。

中：篆体作，新简中的主要有以下三种：（中，EPT40202）、（中，EPT40205）、（中，EPT06009），不同之处就在于对“”的拆分重组方式。在居延新简中，“中”字除了上述两种改写方式之外，还有一种特殊的写法：（中，EPT20006），将中间的线条改写为一个由一笔书写的近乎全封闭的字形，这样的书写方式虽然更加快捷，但是并未遵循隶体对篆体线条“自左向右，自上而下”的笔画改造顺序，有逆向书写，不符合书写的生理习惯和快捷要求，整体字形稳定性较差，所以并未流传下来。

（三）拼合线条

有些篆体字形线条较多，分布于整字多处，书写难以掌握其准确的长度和位置。隶体对篆体的改造中，将这些琐碎短小，位置相近的线条整理合一，大大提高了书写的速度和字形的准确性。例如；

1. -⁻、==、_- 横向拼合

世：篆体字形为，三个短横线条分别与竖写线条相交，隶体将这三个线条整合为一长横笔画，字形更加稳定且便于书写：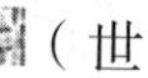（世，EPT58005）、（世，EPT58035）。

刑：篆体字形为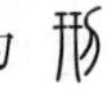，隶体采用同样的方式改造：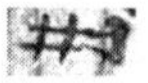（刑，EPT59027）、（刑，EPF22203）。

故：篆体字形为，隶体对线条的不同的拼合方式产生下列不同字形：（EPT51104）、（故，EPT51192）、（故，EPT08018）、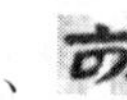（故，EPS4T1007）。

2. 纵向拼合

丈：篆体作，新简中呈现为（丈，EPT58036），篆体的短竖画与

半椭圆曲线合并为一个纵向长撇笔画，字形变为“丈”。

（四）整体替换

隶体在对篆体线条的改造中，有一种方式是将线条组合作为一个整体进行改写，这其中不一定每个线条都有对应的笔画，而是整体被改写为一个笔画或是多笔画构件，参与整字的构形。例如：

：新简中“莁”的字形有两种，不同之处在于对篆体“”中的“”的改写。第一种将“”改为点画：（莁，EPT50163）；第二种将“”改为由竖折和横撇组成的接近“口”字形的构件：（莁，EPF22027）。

：新简中“自”共计201例，“百”554例，在篆体中，这两个字的下半部分相同，都存在一个形体相同的封闭结构“”，通过对“自”“百”字形的分析，可知对“”的改写有多种方法：

1．保持篆体上尖下圆结构

新简中“自”呈现为（自，EPT52328）、（自，EPT52201），“百”呈现为（百，EPT50156）、（百，ESC169）。在以上“自”“百”的字形中，右侧的笔画写为向下倾斜略带回钩的弯钩笔画“”，对比篆体可以看出，与篆体中的右边“”的形体相似，整体字形也呈现出上尖下圆的特点，可见在这几例字形中，仍保留着篆体的笔意，隶体字形中的横折笔画并未体现。

2．左下角变圆曲为竖折笔画

新简中“自”“百”的部分字形，左下角的笔画变为有折角的竖折笔画（自，EPF222007）、（百，EPT05087），剩余笔画仍为弯笔。

3．全部改为隶体笔画

新简中“自”“百”的字形中，有的已全部改为隶体的方折笔画，整字方正：（自，EPT20031）、（百，EPT40006）。

根据笔画对篆体线条的不同改写方式，可将新简中“自”“百”字形演变顺序排列如下：

自：（自，EPT52328）—（自，EPT52611）—（自，EPT51092）—（自，EPT20031）。

百：（百，EPT50156）—（百，EPT05087）—（百，EPT50023）—（百，EPT40006）。

从以上“自”“百”的形体演变序列对比中，可以看出，篆体线条“ㄐ”快速书写之后变为一个弧线“㇏”，到八分隶阶段，经过方折化的整理，变为横画与竖画的结合，或写为两个笔画，或写为横折笔画，完成了篆体线条到隶体笔画的演变，这是一个不断尝试和不断优化的过程。

（五）增加笔画

1. 区别字形

在由篆体到隶体的转变过程中，由于笔形改变使得一些原来有区别的字变得形同或形近而难以区分。这种现象的存在不利于准确记录汉语，于是就在某些字形上增加笔画以提高字形间的区别度。例如：“士”与“土”的字形都是两个横画和一个竖画，隶体在“土”右下方加点画，与“士”区别。新简中“土”字有加点的字形，东汉碑刻中“士”的字形，有的在左右下角都增加一个点画：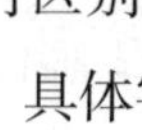（士，鲁峻碑）、（士，鲜于璜碑），这种写法也是为与“土”进行区别。新简中的“予”字，上部也加点画，是为与“子”区别而增加笔画，具体字形如下图所示：

例字	篆体	古隶	居延		东汉碑刻
士		（马・战227）	（EPT51201）	（EPT52021）	（曹全碑）
土		（马・老甲57）	（EPF16038）	（EPT65278）	（衡方碑）
社		（马・战300）	（EPF22153）	（EPF22159）	（张迁碑）
予		（马・老甲106）	（EPT53065）	（EPF22006）	（肥致碑）
子		（马・老甲279）	（EPT05019）	（EPT50070）	（石门颂）

2．平衡结构

平衡结构是今文字阶段支配汉字形体布局方式的一个重要原则。一般来说，对称、平衡的结构更能给人以稳定、美观的视觉感受，更符合人的审美需求，因而在汉字发展过程中也存在为了平衡结构、增加美感而添加笔画的现象。例如：麥，篆体为 ，构件从“來”，从“夊”。新简中呈现为 （麥，EPT27038）、（麥，EPF22025），在构件“夊”的右侧增加点画，就是为了实现布局方正，使结构左右平衡。

二、笔画组合体的改造

汉字的笔画系统是由笔画的种类和笔画组合关系构成的整体。笔画种类如上文所述，此不赘言。笔画组合关系“包括不同笔画的组合和相同笔画量差的配合”①。笔画组合按其结合形式可分为四类：相离（二、小、八），相切（刀、人、非），相连（厂、凹、弓），相交（七、九、丰）。量差配合是指相

① 王贵元：《汉字笔画系统形成的过程与机制》，《语言科学》，2014年第5期。

同的笔画组合结构中同一位置上某些笔画长短的差异，例如："竖、横折、横、横、竖"五个笔画可以组合形成"甲""田""由"和"申"四个字形，差异在于中间竖画的长度。两个横画、一个竖画、一个撇画、一个捺画组合会形成"未"和"末"两个字形，其差异在于上下两个横画的长度不同。无论是单一笔画还是笔画组合，其改造过程都是为了适应便捷书写的需要，在相似、便捷、经济、别异和美观等原则制约下进行的成系统的规划活动。对笔画组合体的改造有两种情况，第一种是理据式改造，将隶体中的笔画组合，向上追溯，在篆体线条中找到来源；第二种是替代式改造，隶体中的笔画组合无法从篆体字形中找到来源，而是依据构件的轮廓改写为形近的隶书形体。[1]

（一）理据式改造

1. 厶

篆体字形中的多种不同线条或线条组合，在居延新简的字形中均被改造为"厶"，例如：

例字	篆体	成分	居延	东汉碑刻	改造方式	笔画组合体
去			（EPT56117）	（肥致碑）	拆分	厶
矣			（EPT48053）	（景云碑）	拉直拆分	
私			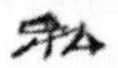（EPF22038）	（潘干碑）	拆分	
單			（ESC011）	（鲜于璜碑）	拆分重组	
雲			（EPT40205）	（张迁碑）	拆分重组	
参			（EPT49045）	（曹全碑）	拆分重组	

① 理据式改造、替代式改造，参考王贵元：《汉字笔画系统形成的过程与机制》，《语言科学》，2014年第5期。

上表新简字体“去”，将篆体线条“”拆分为两段，竖弯和竖画，将竖弯写为撇折，竖画改为长点，重组为笔画组合体“厶”。线条“”的改造方法为，先将多次弯曲的线条拉直，将收笔处的逆向横线拆分出来，改为“厶”中的右侧长点画。线条“”的改造方式为，将左侧曲线纵向拉直，与底部线条组成撇折笔画，右侧逆笔改为点画，与撇折笔画组合，呈现为“厶”。“雲”的线条“”是一个封闭的曲线，将其拆分为两段，左侧变为撇折，右侧变为长点画，呈现为“厶”。以上篆体线条的改造方式中，最大的特点是取消不利于书写的逆向线条，隶体笔画的改造采用拆分的方式，将线条中逆向的部分独立出来，再采用简单的笔画代替，不仅可以加快书写速度，而且直接改变了篆体圆转的字形。

2. 亠

隶体字形中的笔画组合体“亠”来自于对篆体多种线条的改造，例如：

例字	篆体	成分	居延	东汉碑刻	改造方式	笔画组合体
吏			（EPT50173）	（史晨后碑）	拆分变形	亠
变			（EPT43024）	（肥致碑）	短横变形	
放			（EPT51273）	（赵宽碑）	拉直，竖线变形	
亡			（EPF22171）	（景君碑）	拆分重组拉直变形	
亭			（EPT51145）	（张盛墓记）	拉直	
充			（EPT52766）	（赵宽碑）	拉直拆分变形	
六			（EPT40205）	（武孟子买玉券）	拉直	

续表

例字	篆体	成分	居延	东汉碑刻	改造方式	笔画组合体
海		ψ	（EPC037）	（桐柏淮源庙碑）	拉直变形	
主		凵	（EPT50020）	（西狭颂）	拉直	亠
校		亠	（EPF22061）	（杨淮表纪）	拉直拆分变形	

从上表中可以得知，篆体字形中“十、二、ㄑ、人、亠、亠、宀、ψ、凵、亠”10种不同的线条组合，虽然形体各异，但都有一个能拉直变形为横画的线条，其他部分与这个线条的组合位置接近，且均位于上方，因此，只要经过笔画置向和长度的调整，就可以变为相同的笔画组合体“亠”。

（二）替代式改造

替代式改造指不按照笔画改写规则对篆体的成分进行改造，用一个整体形态相似的成分取代篆体中的复杂线条组合。例如：

1. 𦥑

“𦥑”在篆体中是一个使用率很高的线条组合，通常在中间加入不同形体而构成不同的字形，新简中将这些不同的形体组合统一改写为“田”或“亜”：

例字	篆体	成分	古隶	居延	东汉碑刻	笔画组合体
舉		𦥑	（马·战142）	（EPT48158）	（曹全碑）	田
與			（马·老甲225）	（EPF22330）	（肥致碑）	
農			（马·老乙7上）	（EPT52470）	（史晨前碑）	
剽			（银·281）	（EPT51012）	（汉印）	

续表

例字	篆体	成分	古隶	居延	东汉碑刻	笔画组合体
要			（马·老乙前123上）	（EPF22201）	（曹全碑）	田
學			（马·老乙前184上）	（EPS4T1005）	（曹全碑）	
舉			（睡·语6）	（EPT14004）	（华山庙碑）	襾
農			（马·老乙7上）	（EPF22691）	（石门颂）	
遷			缺	（EPF22057）	（李固残碑）	

以上篆体字形在“臼”中间加入不同成分形成“𦥑、𦥑、𦥑、𦥑”，结构复杂，不易书写。新简中的字形将“臼”中的成分连并一起改造，无论中间是什么构件，都统一改写为“田”或“襾”。以下为新简中和东汉碑刻中“興、遷、與”的部分字形：

例字	篆体	新简八分1	新简八分2	东汉碑刻1	东汉碑刻2
興		（EPT06028）	缺	（张迁碑）	（曹全碑）
遷		（EPT51187）	（EPT56256）	（李固残碑）	（甘陵相尚博残碑）
與		（EPF22025）	（EPT14004）	（熹平石经后记）	（景君碑）

从“興、遷、與”的篆体和隶体对比可以发现，构件从“臼”的字形，首先改变的是笔画，“興”在新简中只有一例，中间的“同”被改写为“日”形，三个横画的水平位置与左右两侧“臼”的笔画相等，东汉碑刻中一例字形呈现为（興，张迁碑），将横向和纵向分开的笔画连笔书写，即为

“罒”。“遷”在新简中有一例字形是采用今文字的笔画将篆体的字形改写，呈现为（遷，EPT51187），上部构件中的横向笔画与纵向笔画的水平位置也非常接近，东汉碑刻的字形有从“罒”和从“覀”两种，从笔画差异角度来看，“覀”的左右两侧笔画向上延长即为“罒”，因此，“罒”和“覀”当属于笔画组合体改造中的不同途径的尝试，在同一历史时间段的共生式存在。新简中“與”的隶体字形较多保留了构件“与”的形态，在笔画规范和整字结构方正的支配下，“与”的笔画逐渐改变弯笔，向平直趋同。东汉碑刻中的字形（熹平石经后记），其中“与”的笔画横平竖直，且水平位置与两侧构件相同，由于笔画不再承担表示物象的功能，在书写快捷的支配下，同一水平位置的短笔画相连，自然形成了“罒”。

2. 𡗗、大

类似的替代式改造还有将复杂的篆体成分改造为符号“𡗗”“大”：

例字	篆体	成分	古隶	居延	东汉碑刻	笔画组合体
奏			（睡·语13）	（EPF22030）	（李固残碑）	𡗗
奉			（马·老乙215上）	（EPT40006）	（太尉杨震碑）	
秦			（睡·杂5）	（EPT20031）	（曹全碑）	
春			（马·老乙85下）	（EPF22463）	（景云碑）	
奉			（马·老乙215上）	（EPT50191）	（太尉杨震碑）	大
秦			（睡·杂5）	（EPF22330）	（曹全碑）	
春			（马·老乙85下）	（EPT57072）	（景云碑）	

篆体中的“”，在古隶中被改造为两部分，“”改写为“六”，上端为“土”形笔画组合体。东汉碑刻的字形将“土”的竖画向下延伸，与“六”的横画相切，字形呈现为“夫”形。新简中的字形为手写体，“夫”的竖画与撇画合为一个长撇画，呈现为“夫”形，减少笔画数，书写更加快捷。有些字形直接改造为“大”形。

“夫”“大”的改造方式与“罒”“覀”相同，都属于替代式改造。这种改造书写起来比按照篆体一一对应改写线条方便很多，提升了汉字书写速度和字形的准确性，同一个成分可以参与构成多个字形，这是精简和优化汉字系统的表现。同时也可以看出，今文字阶段笔画产生之后，不仅笔画不再具有表示物象的功能，有的构件的构形功能也有不同程度的减弱。

值得注意的是，在替代式改造的字形中，有两类情况要分别说明，第一类情况为，字形的替代成分形体与今文字字形相同，例如：“遷”和“農”上部构件“[illegible]”在有些字形中被改写为“覀”：（遷，EPT50188）、（農，EPF22691）。这种改造在新简的“遷”和“農”全部字形所占比例分别为 69% 和 28%。此外，“遺”的部分字形，右上部改写为“中”：（遺，EPF22290）；或改写为“用”：（遺，EPF22582）；或改写为“罒”：（遺，EPT51093），“豐”的上部构件改为“曲”形：（豐，ESC037）。它们与今文字楷体字形中的“西、中、用、四、曲”字形几乎完全相同，但这实际仍是一种非字构件的替代式改造，之所以形成“覀、中、用、四、曲”等形体，是由于对篆体线条不同的改写方式造成的，是一种形体的偶然巧合，并非在改写之初有意识地改造为“覀、中、用、四、曲”等字形，而且“覀、中、用、四、曲”的字义并不能参与整字的构义。

第二类情况为，看似使用一个不成字的替代式构件改造了篆体字形，其实质仍是隶体对篆体线条的改写，属于笔画层面的改造。例如：“典”的小篆字形为，新简中呈现为（典，EPT20022），字形的上半部分是一个

象“畾”的形体。齒：小篆为，《说文·齿部》：“口断骨也。象口齿之形，止声。凡齿之属皆从齿。”新简中呈现为（齒，EPF22022）、（齒，EPF22023）。新简中对“”“”的改写方式，是将篆体“”“”中的曲笔拉直，直接变形为“”“”，属于笔画改造，而不是笔画组合体的改造。

此外，通过与东汉碑刻字形的比较，可以看出，以上这些替代式改造的字形，在东汉碑刻里还是采用比较保守的写法。含“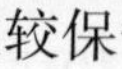”的字，在东汉碑刻里除了极个别的几例被改写“覀”之，全部采用和篆体相同的字形，如：（舉，曹全碑）、（與，肥致碑）、（學，曹全碑）、（舉，华山庙碑）、（興，曹全碑），这些字形将“”中间的构件完整呈现出来，而不是采用无理据的“畾”。与之相比，东汉碑刻中构件“、、、”变形为“夫”，字形向成熟的笔画系统又迈进了一步，但这些字形没有出现从“大”的字形。这也说明处于同一历史时期的汉字，新简中的手写体要自由随意得多，受草体字形影响很大。碑刻文字是相对传统正式的文字，字形仍采用演变成熟的规范的稳定的字形。

从以上对居延新简隶体字形笔画的分析来看，结合笔画形成的时期，可以认为，西汉中晚期的字形处于笔画系统的发源期的末期和形成期的初期。因此，会有少量的篆体字形或含有篆意的字形，笔画按照一定原则对篆体线条进行有规律的改造和创新，逐渐生成今文字的笔画。

第三节　居延新简基本笔画及来源

居延新简文字以西汉中晚期到东汉初期为主，这一阶段，篆体、隶体和草体并存，汉字基本笔画刚刚形成。对新简文字笔画进行拆分，归纳其书写特征和演变过程，可以帮助我们进一步厘清笔画的产生过程和发展轨迹。新简中的篆体字形数量极少，且篆体线条不作为本文笔画研究内容。草体字形多连笔，书写单位是流线，也不作为新简基本笔画的研究内容。在此基础上，对新简中隶体字形的笔画拆分归纳，我们得出基本笔画 9 种，共计 34 种笔形。

居延新简基本笔画表

序号	笔画	分类	笔形	运笔方式	形态特征	例字
1	横	长横		自左向右平行运笔	平直连续，左低右高，笔程较长	（EPT07004）
		短横			平直连续，笔程较短	（EPT50200）
2	竖	长竖		自上而下垂直运笔	竖直连续，笔程较长	（EPT48022）
		短竖			竖直连续，笔程较短	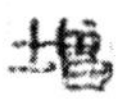（EPT59339）
3	点	顿点		轻入笔，渐加重的短距离运笔，笔法因不同笔形而异	左上起笔，右下收笔，末尾回锋	（EPF22695）
		圆点			原地点圆点，圆形	（EPT52418）
		竖点			自上而下，按顿成形	（EPF22221）
		撇点			右上起笔，顿笔，向左下露锋斜出	（EPF22156）

续表

序号	笔画	分类	笔形	运笔方式	形态特征	例字
4	撇	竖撇		从右上向左下斜出的笔画，露锋斜出	自上而下的竖画，	（EPT04044）
		长撇			向左下露锋斜出	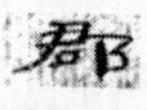（EPF22069）
		短撇			斜度较大，笔形较舒展	（EPT02035）
		横撇			斜出的角度近于横画，笔程较短，露锋斜出	（EPT04018）
5	捺	斜捺		从左上到右下斜出的笔画	斜度较大，笔形较长，收笔停顿，呈雁尾状	（EPF22021）
		平捺			取势略平，笔形较长，收笔停顿上挑	（EPF05001）
		直捺			左上起笔，向右下运笔，加重，回锋收笔	（EPT52195）
6	折	竖折		两个以上的笔形连续书写，呈角度相连	竖画转笔再写横画，呈方折直角	（EPT20031）
		横折			横画转笔再写竖画，呈方折直角	（EPF25005）
		撇折			先写短撇，再转折写横画	（EPF22191）
7	弯	竖左缓弯		起笔书写后向不同方向转笔，折角呈圆转之势，收笔无上挑	竖画向左侧缓弯平出	（EPT50200）
		竖右缓弯			竖画向右侧缓弯平出	（EPT20031）
		横折左弯			横折向左侧缓弯平出	（EPF22068）

续表

序号	笔画	分类	笔形	运笔方式	形态特征	例字
7	弯	横折右弯		起笔书写后向不同方向转笔，折角呈圆转之势，收笔无上挑	横折向右侧缓弯平出	（EPT40205）
		横折折弯			两个横折连续书写	（EPT51270）
		竖折折弯			竖折和竖左侧缓弯连续书写平出	（EPT68037）
8	提	横提		收笔时向右上露锋斜出的笔画	左下向右上露锋斜出，笔程较短	（EPC033）
		竖提			竖画向右上折笔，露锋斜出	（EPT44060）
9	钩	横钩		位于笔画末端，收笔转向上挑出钩状	先横后钩，向下出锋	（EPF22028）
		竖钩			先竖后钩，向左上出锋	（EPF22292）
		斜钩			左上向右下做弧弯，收笔向上出钩	（EPT65055）
		横折钩			横画方折向下写竖画，收笔向左上出钩	（EPT59034）
		竖弯钩			竖画向右侧弯笔，再上挑出钩收笔	（EPT50009）
		卧钩			左上起笔，向右下弧线运笔，落差较小，左上回钩出锋收笔	（EPF22246）
		弯钩			左上起笔画弧线到左下，出钩收笔	（EPT08036）
		横折弯钩			横折右弯，向上出钩收笔	（EPF22025）

一、横画

横画是自左向右水平书写，全程无曲笔、无弯折、无断笔的笔画。根据笔形的长度，可以分为两类，一类是长横，如“平”的横画：（平，EPF22026），一类是短横，如“倩”右上部分的横画：（倩，EPT65462）。新简中的横画由早期古隶和篆体线条演变而来，新简中横画主要来源如下：

第一，源自篆体的横向线条，古隶继承发展而来。例如“平”，篆体作，横向书写线条自左向右水平书写；古隶作（平，马・战233），将篆体线条改造为横向的笔画；新简中呈现为（平，EPT52044），横画的书写承袭了篆体和古隶的特征。

第二，篆体开口向下单独曲线拉直。篆体字形中有很多曲线，拉直后变为横画。如“六”，篆体作，近于椭圆形的曲线分别与中间两个线条相切；古隶字形“六”，有的完全拉直为横画：（六，马・老乙252下），有的将曲线两头拉直，向左右斜出，中间突起：（六，睡・秦41），笔画尚未固定。新简中呈现为（六，EPT51421），将古隶的笔画进一步固定下来，全部改造为长横画。

第三，篆体开口向上单独曲线拉直。如“告”，篆体作，新简中呈现为（告，EPF22158），将篆体曲线拉直变为横画。

第四，篆体水平位置相同的线条拉直拼接。如“苦”，篆体作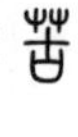，字形上部“艸”形，左右对称。古隶字形作（苦，马・老甲431），将“艸”的曲线拉直，变为“艹”形；新简中呈现为（苦，EPF22243），中间的两个短横画已经连写为一个长横画。

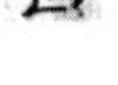

第五，篆体单独曲线拆分，其中的横向部分改为横画。如“嚴”，篆体作，中部曲线“”，古隶时期字形为（嚴，马·老甲 189），上端被拆分为一横画，新简中呈现为（嚴，EPT59001），延续了古隶横画的写法。

第六，篆体曲线组合拆分重组。如“遣”，篆体作，右上部的曲线组合“”被拆分为“”，“”与其他曲线组成“中”形，“”拉直变为横画。

第七，对篆体封闭曲线的拆分。篆体中常出现封闭的圆形或椭圆形曲线成分，隶体在笔画改造过程中，将封闭曲线拆分为若干部分，分别改造为不同的笔画。如“目”，篆体作，拆分后左侧改造为竖画，最下端的曲线被改造为横画，字形呈现为（目，EPT51411）。

二、竖画

竖画是书写全程无弯曲、无转折、无断笔的纵向笔画。按照笔形长度分为长竖和短竖。长竖如（中，EPT08008）；短竖如“中”的左侧起笔的短竖画。新简中竖画主要来源如下：

第一，篆体上行或下行的曲线拉直。如“上”，篆体作，中间为纵向的曲线；古隶作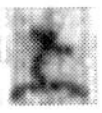（上，睡·效 49）或（上，马·老甲 198）；新简中已全部改造为竖直笔画，呈现为（上，EPF22025）。

第二，直接继承篆体竖直线条。如“巾”，篆体作，中间为竖直线条；新简中呈现为（巾，EPT51066），继承了篆体的写法。

第三，对篆体封闭曲线拆分而来。如“目”，篆体作，外围是一个封闭的椭圆形曲线，将其拆分后，取左侧纵向线条改造为竖画，如（目，

EPT51411）。

第四，篆体独立无封闭曲线拆分，取其中一部分改造为竖画。如“斤”，篆体作，古隶将曲线“”拆分为两部分，但笔画的书写方向仍与篆体相似，横画向右下倾斜，竖画竖直，呈现为（斤，马·老甲73）；新简中呈现为（斤，EPF22203），横画水平书写，竖画竖直。

三、撇画

撇画为右上起笔向左下斜出的笔画。根据笔画的长度、倾斜度和有无转折可分为四类：长撇、短撇、竖撇和横撇。长撇笔程较长，弧度明显，如：（君，EPF22004），撇画自上部中间起笔至左下斜出，中间无断笔，笔程较长。短撇书写时笔程较短，常出锋收笔，如（斤，EPF22203）、（徐，EPT44030）的起笔笔画。竖撇的笔画特征明显，起笔先写竖画，在收笔时向左下斜出，如（月，EPT48004）。横撇的书写自左向右横向运笔，笔不停顿，再向左下斜出，如（又，EPT52161），起笔为横撇。新简中撇画主要来源如下：

第一，继承篆体撇画状线条。如“用”，篆体作，左侧为撇状线条。古隶作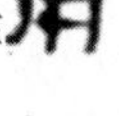（用，马·春80）、（用，睡·秦91），左侧起笔有的写为竖画，有的写为竖撇。新简中“用”字共计92例，只有7例左侧为竖画，如（用，EPT58037），其余皆呈现为竖撇（用，EPF22029）。

第二，篆体独立曲线的调整。如“步”，篆体作，古隶作（步，马·战190）、（步，睡·日乙106），篆体中的曲线“”已被调整

为右上起笔，向左下斜出的撇画，但起笔后仍然先写一短竖画，再向左下斜出，与竖撇笔画相似；新简中呈现为（步，ESC011），撇画起笔之后即向左下斜出，缩短了起笔和收笔的上下距离，更接近楷体中的撇画。

第三，篆体右开口折线拆分，取其中一部分改造为撇画。如“厭”，篆体作，左上部为曲线“厂”，古隶将其拆分为两部分，上端写为横画，左侧写为竖画，仍与篆体线条相似，（厭，马・战 136）；新简中将古隶中左侧的竖画写为收笔斜出的撇画（厭，EPT49003）。

第四，篆体上开口曲线的一部分。篆体中许多上开口线条，在笔画改造中被拆分为两个或三个笔画，左侧笔画演变为撇画，如“牛”，篆体作，新简中呈现为（牛，EPT52394），上部线条“∪”被改造为“𠆢”，起笔笔画为短撇。

第五，拼接篆体位置接近线条。如“吞”，篆体作，古隶作（吞，长・方 272），将篆体线条“八”改造为两个笔画，在整字中部独立书写。新简中“吞”呈现为（吞，EPF22143），将篆体起笔横线下方的小短竖状线条与“八”左侧线条连写为一个长撇画。

第六，篆体下开口曲线的拆分调整。如“今”，篆体作，上端为曲线“∧”，古隶中改造为撇画和捺画，如（今，马・老甲 409）。新简中呈现为（今，EPT52109），左侧起笔是典型的撇画。

第七，篆体曲线拆分调整后重组。如“今”，篆体作，下端曲线“(”，古隶中拆分为两段，并拉直为横画和竖画，如（今，马・战 204），两个笔画的连接点在左侧，与篆体线条的折点位置相同。新简中“今”呈现为

多种字形，首先是（今，EPT20019），承袭古隶的写法，将篆体线条拆分为两段，末笔竖画的位置向中间移动，并且将竖画调整为竖撇。接着，竖撇笔画位移至上部横画的收笔处：（今，EPT58054），整字书写更加快捷。最后，竖撇直接与横画连为一笔写为横撇（今，EPT56284）、（今，EPT61007），草体字形将第一笔横画改造为点画，字形与楷体相同，如（今，EPT48043）。

第八，长撇演变中的过渡形态。如“右”，篆体作，曲线“コ”在新简中被改造为横撇，如（右，EPT27036）。到东汉碑刻时期，已有横撇演变为长撇的字形，如（右，正直残碑），与楷体字形相同。因此，新简中横撇仍处于笔画的演变进程中。

四、点画

点画是汉字笔画中笔程最短，不足以构成横、竖、撇、捺、提的短促笔画，多以按顿成形。新简中可分为圆点、顿点、撇点、竖点四类。圆点形体呈圆形，如（具，EPT53167），横画下端两个点画均为圆点。顿点在书写时，收笔有按顿，多向右下倾斜，如（具，EPS4T1007），末笔为顿点，（樊，ESC076）末笔为顿点，楷体中演变为捺画。撇点在书写时，收笔向左侧出锋，与短撇相似，如（寇，EPF22003）的起笔点画。竖点笔画呈现为竖直形状，与短竖画相似，如（為，EPF22221）下端第一个点画。新简中点画主要来源如下：

第一，篆体中的短横线条。如“言”，篆体作，起笔的短横线条被改造为点画，在新简中呈现为（言，EPT07009）。

第二，篆体中的单独短竖线条。如“高”，篆体作，上部中间的短竖线条在新简中被单独拆分出来，改造为点画，新简中呈现为（高，EPF22325）。

第三，篆体框和线条组合的改造。如“單”，篆体作，上部“”是“凵”和横线的组合，古隶中仍为“口”形，（單，马·老乙 140 下）。新简中呈现为（單，EPT51378），改为点画。

第四，新增笔画。如“土”，篆体作，新简中呈现为（土，EPF16038），右下新增点画。如“麥”，篆体作，新简中呈现为（麦，EPF22025），右侧新增点画。

第五，篆体中的对称短斜线。如“善”，篆体作，起笔为对称的两个短斜线，新简中呈现为（善，EPT40202），改造为两个点画。

第六，篆体中的纵向曲线。如“徐”，篆体作，右下竖直线条左右两侧为对称纵向曲线，古隶中改造为撇画或短竖画，如（徐，马·战 35）、（徐，马·老乙 138 上）。新简中呈现为（徐，EPT40148），改造为点画。

第七，篆体中有折角的曲线。如“近”，篆体作，起笔曲线为“”，古隶字形中被改造为短撇画，如（近，马·战 150），新简中改造为点画，如（近，EPF22069）。

第八，篆体中的对称短竖线条。如“登”，篆体作，下部有两个短竖

线条，在古隶中书写为分别向外倾斜的短笔画（登，长·养222）或分别向内倾斜的短笔画（登，马·老甲129）。新简中全部为向内倾斜的点画：（登，EPT40032）。

五、捺画

捺画为自左上起笔，向右下斜出的笔画，根据笔画的倾斜度分为斜捺和平捺，根据收笔有无转折分出直捺。斜捺书写时，自左上向右下倾斜运笔，到右下角时按顿，随后向右侧收笔出锋，有时上扬，如（皮，EPT59363），末笔为斜捺。平捺书写时倾斜度小，笔画接近水平，多是受整字结构影响作出的调整，新简中构件从“乏”的字形，捺画多为平捺，如：（建,EPF22001）、（延,EPF22076）。直捺多为左上向右下书写，至右下时藏锋收笔，笔画呈直线状，如（吏，EPT52013）。新简中捺画的主要来源如下：

第一，继承篆体同方向线条。如“天”，篆体作，新简中呈现为（天，EPT52053），右下曲线在隶体字形中改造为捺画。

第二，篆体曲线拉直调整。如“吏”，篆体作，古隶中将末笔曲线拉直，变为自左上向右下直线斜出的捺画：（吏，马·战236），新简中呈现为（吏，EPT50200），右下角按顿之后水平斜出，收笔出锋，为斜捺。

六、折画

折画为书写时有方向变化的笔画，转折处呈一定角度。根据转折前后的笔形不同，折画可分为横折、竖折和撇折三类。横折即起笔书写横画，之后笔画不停顿，转为竖画收笔。如（因，EPT52325）、（皆，EPT40205），右上笔画为横折。竖折即起笔为竖画，之后笔画不停顿，转为横画收笔。如（曰，EPF22164），左侧竖画与底部横画实为一笔，即竖折笔画。撇折即起笔为撇画，之后笔画不停顿，转为横画收笔。如（率，EPT52490），中间笔画为撇折。新简中折画的主要来源如下：

第一，对篆体上开口曲线的拆分和改造。如“曰”，篆体作，其中的上开口曲线“”在新简中被拆分多个笔画，呈现为（曰，EPF22164），左下为横折笔画。

第二，调整篆体相同形状曲线。如“降”，篆体作，右下曲线“”调整为竖折，呈现为（降，EPF22189）。

第三，对篆体封闭曲线拆分改造。如“绝”，篆体作，左侧封闭曲线“”在新简字形中被拆分为撇折和顿点，近于“厶”形，呈现为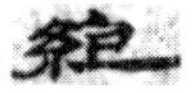（绝，EPT40203）。

第四，对篆体曲线的调整。如“比”，篆体作，新简中将左侧曲线调整为竖折笔画，如（比，EPF22223）。

七、弯画

弯画是笔画书写时出现不同方向的缓慢转弯。弯画是处于演变过程中的一种笔画，笔画完善之后，弯笔收笔处的弯画多演变为钩画，如，竖左缓弯演变为竖钩笔画；竖右缓弯演变为竖弯钩笔画等。而在居延新简文字中，这些弯画仍大量存在，并作为笔画系统的主要构成成分参与整字的书写。按照起笔书写的不同和弯曲的方向不同，可以分为竖左缓弯、竖右缓弯、横折左弯、横折右弯、横折折弯、竖折折弯六种。竖左缓弯起笔自上而下书写，至下端向左侧缓慢弯曲平出，如（可，EPT59009），末笔为竖左缓弯“丿”。竖右缓弯起笔自上而下书写，至下端向右侧缓慢弯曲平出，如（邑，EPT44005），末笔为竖右缓弯“乚”。横折左弯起笔横向书写，向下折笔书写，再向左缓慢平出。如（祠，EPT44032），右侧构件笔画为横折左弯“㇆”。横折右弯起笔横向书写，向下折笔书写，再向右缓慢平出。如（九，EPT08022），起笔为横折右弯“乙”。横折折弯起笔横向书写，向下连续两次折笔弯曲，最后以左缓弯平出收笔。如（及，EPT20027），起笔为横折折弯“㇌”。竖折折弯起笔自上而下书写，转为横向书写，再向下写竖左弯，如（弓，EPT59140），末笔为竖横折弯“㇉”。新简中弯画的主要来源如下：

第一，对篆体曲线的改造。如“刀”，篆体作，新简中呈现为（刀，ESC108），将篆体的曲线改造为横折左弯笔画。如“苛”，篆体作，新简中呈现为（苛，EPT50171）。

第二，拼合篆体不同线条，再改造为笔画。如“及”，篆体作，线条组合“㇌”经过改造，在新简中呈现为横折折弯笔画，如（及，EPT20027）。

第三，来自构件的变体。如“邑”，单独书写时为（邑，EPT59365），作为“郭”的构件时，变形为“阝”，由笔画横折折弯和竖画组成，字形呈现为（郭，EPT57066）。

八、提画

提画是收笔时向右上斜出的笔画，可分为横提和竖提两种。横提书写时自左下向右上露锋斜出，笔程较短。如（簿，EPF22468），末笔为横提“㇀”。竖提起笔自上而下书写，至下端急转，向右上斜出，如（皆，EPT20024），左上起笔为竖提“㇙”。新简中提画主要来源如下：

第一，横画的快速书写。位于左下的横画，为缩短与下一笔画的书写距离，改横画为提，笔画直接形成顾盼呼应之势，提高了整字的书写速度，增强字形美观稳定性。如（輝，EPF22025），左侧构件“牛”的末笔本为横画，在书写便捷原则的支配下，笔画向右上倾斜，改为提画。如“掾”，篆体作，左侧构件为“手”，古隶中末尾笔画写为水平短横画（掾，长・周3上），新简中呈现为（掾，EPF22065），改为提画。

第二，篆体线条的拆分改造。如“氏”，篆体作，左侧曲线在古隶中被拆分为撇画和竖右缓弯笔画，如（氏，马・战68）。新简中的字形将古隶中的竖右缓弯笔画调整为竖提：（氏，EPT06040）。

九、钩画

钩画是在笔画书写收笔处迅速向不同方向转折运笔，形成钩状的笔画，转折处有明显的折角。新简文字中的钩画写法尚未成熟，在字形中同一位置可以写为钩画，也可以写为弯画，钩画在这一阶段仍处于演变中。整理新简字形中出现的钩画，按照书写方向不同可以分为横钩、竖钩、斜钩、卧钩、横折钩、竖弯钩、弯钩、横折弯钩。横钩起笔水平横向书写，收笔时向左下斜出，如（宜，EPT59340），第二笔为横钩“㇖”。竖钩起笔自上而下纵向书写，收笔向左上斜出，如（掾，EPF22035），左侧第二笔为竖钩“亅”。斜钩自左上起笔，行至右下，迅速向上方转折，露锋收笔，如（成，EPF22207），右侧长笔画为斜钩“㇂”。卧钩是指钩画位于整字下端时，笔画自左上向右下倾斜书写，但受整字布局限制，倾斜度变得非常小的一种钩画，如（恩，EPF22027），下部钩画为卧钩“㇃”。横折钩首先书写横向笔画，再向下书写纵向笔画，最后向左上急转斜出，整个过程一笔完成，无断笔，无停顿，如（同，EPT40205），第二笔为横折钩“𠃌”，横折钩在新简文字中数量较少，收笔处的钩画多写作弯画，整个笔画被横折左弯替代，如（同，EPT59103）。新简中“同”共计42例，钩画特征明显的仅3例。竖弯钩起笔纵向书写，向右转为横向书写，最后向上斜出，如（死，EPT50009），倒数第二笔为竖弯钩“乚”。弯钩起笔自上而下向右侧画弧，收笔向左上斜出，如（子，EPF22188），第二笔为弯钩“㇁”。横折弯钩起笔横向书写，转为向下竖写，再向右作横向书写，最后向上露锋收笔，整个过程一笔书写，转折三次，如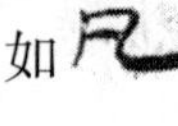（凡，EPF22025），第二笔为横折弯钩“㇈”。新简中钩画的主要来源如下：

第一，对篆体相似线条的改造。如“戌”，篆体作，右上曲线“㇂”与斜钩笔画形态相似。古隶中被改造为（戌，睡·日乙189），与篆体线条相似；或改造为（戌，长·出8下），笔画收尾处出现右向弯笔，但仍不是钩画。新简中呈现为（戌，EPF22042），收笔向上露锋，形成了特征明显的钩画。如“丸”，篆体作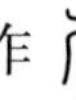，古隶中作（丸，长·房

9），将线条改造为横折右弯笔画。新简中呈现为（丸，EPT65306），改为横折弯钩笔画。

第二，将篆体独立不规则曲线拉直、改造。如“式”，篆体作，曲线“”在古隶中拉直为纵向笔画（式，马·老甲61），或拉直后改为向右下斜出的弯笔画（式，睡·秦66）。新简中呈现为（式，EPT52576），改造为向上斜出的钩画。

第三，篆体中间位置的纵向线条改造。如“小”，篆体作，古隶中作竖画（小，马·老甲298）；或在竖画末尾加极短的笔画（小，马·战286），使笔画与竖撇相似。新简中呈现为（小，EPT08036），中间已书写为特征鲜明的竖钩“亅”。“小”字中间竖钩笔画的形成与笔画书写顺序有关，书写者首先书写中间的竖画，接着书写左侧的笔画，竖画在收笔之后要位移至左侧，于是竖画末尾的钩画自然形成。

第四，篆体不规则线条拆分重构。如“風”，篆体作，古隶中将线条“”拆分为撇画、横画和竖右缓弯：（風，马·老乙238下）；新简中呈现为（風，EPT50001），将古隶的竖右缓弯改为竖弯钩笔画。

第四节　居延新简笔画系统特点

一、继承篆体线条和古隶笔画

新简文字笔画多来源于对篆体相似线条的调整和对古隶笔画的继承。横画、竖画多来源于篆体字形横向和纵向的线条，如:“目”，篆体作，新简中呈现为（目，EPT51411），中间的横画来自于篆体字形中间的横向线条。如“天”，篆体作，新简中呈现为（天，EPT52053），起笔的横画是对篆体横向线条的直接继承。如“木”，篆体作，新简中呈现为（木，EPT59121），竖画与篆体纵向直线相同。撇画的笔形在篆体中也能找到来源，如“八”，篆体作，左侧线条向外斜出，新简中呈现为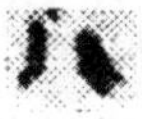（八，EPT40023），起笔的撇画与篆体线条相似。

二、点画、捺画笔形多样

新简文字中的点画按照笔形不同分为圆点、顿点、撇点和竖点四种。在同一字的不同形体中，点画的笔形不固定，如“具”，新简中呈现为（具，EPT50022）、（具，EPT51478）、（具，EPF22284），末笔点画分别为顿点、圆点、撇点三种笔形。“單”在新简中呈现为（單，EPT51378）、（單，ESC020）、（單，EPT40005），起笔点画分别为撇点、顿点和圆点。到南北朝时期，点画发展为只有长点和短点，笔形以顿点为主。

新简中的捺画分为斜捺、平捺和直捺三种。与点画相似，同一字的不同形体中，捺画的笔形也不固定。如“史”，新简中呈现为（史，EPT20027）、（史，EPT51528）、（史，EPT05047），末笔捺画分别为斜捺、平捺和直捺。“又”在新简中呈现为（又，EPC002）、

（又，EPT56076）、（又，EPF22027），末笔捺画分别为斜捺、直捺和平捺，到魏晋南北朝时期，捺画演变为斜捺和平捺、直捺。

三、提画、钩画出现萌芽

提画和钩画在新简文字中已经出现，并呈现出与楷体笔画近似甚至完全一致的笔形，如：（等，EPC033）、（得，EPF22023），右下笔画均为竖钩，竖画转折处有明显的折角，收笔出锋上挑。“等”字在新简中共计 120 例，出现明显钩画的有 11 例；“得”字在新简中共计 181 例，出现明显钩画的有 15 例，多数字例相同位置的笔画仍写为竖左缓弯，如：（等，EPF22159）、（得，EPT51377）。

提画和钩画多是在字形的快速书写中产生，以“扌”为例，新简中字形（推，EPT04003）、（持，EPF22026）、（掾，EPF22035），左侧构件“扌”，在书写便捷的支配下，第二笔竖左缓弯缩短缓弯的笔程，与第三笔横画连接，缓弯逐渐变为竖钩。第三笔横画为与右侧构件衔接，改变平直的笔形，改为向右上斜出的提画，缩短与右侧构件的距离，更有利于整字书写的快捷和结构的稳定。以“掾”字为例，新简中共计 117 例，构件“扌”的第二个笔画形态呈现为 4 种，分别为：竖撇（掾，EPF22065）、竖左缓弯（掾，EPT53067）、长撇（掾，EPT53027）、竖钩（掾，EPT51163）。第三个笔画的形态也不相同，有横画、提画两种。这些现象表明，新简文字中的提画和钩画在部分字形中已经出现，但出现的位置和具体的笔形尚未固定，到魏晋南北朝时期，提画和钩画正式形成，汉字笔画系统进入完善期。

四、过渡笔画占主导地位

新简中的弯画继承了篆体中的曲线，将篆体“随体诘屈”的曲线改造为竖左缓弯、竖右缓弯、横折左弯、横折右弯、横折折弯、竖横折弯六种笔形，在隶体字形中大量使用。到魏晋南北朝时期，弯画只有竖左缓弯，剩余弯画在书写快捷的作用下，逐渐演变为竖弯钩、横折钩、横折弯钩、横折折钩、竖横折钩笔画。因此，我们认为，结合笔画系统的产生、形成到完善的演变历史来看，新简中的弯画大部分笔形是一种过渡时期的笔画，继承篆体曲线和古隶的弯画，到笔画的完善期演变为各种带钩的笔画，并固定在汉字笔画系统中沿用至今。在两汉时期，弯画是主要使用笔画，占据主导地位，这是新简笔画的阶段性特征。

五、同一字形相同位置笔画不固定

新简中字形的写法多样，同一字形相同位置的笔画可以不同，如下表所示：

字体	篆体	笔形1	字形	笔形2	字形	笔形3	字形
耳		弯钩	 （EPT05076）	卧钩	 （EPT51212）	竖画	 （EPF22064）
戎		竖左缓弯	 （EPT48025）	斜捺	 （EPT59049）	竖画	缺
成		竖左缓弯	 （EPT53006）	斜捺	 （EPT56010）	竖画	 （EPT51599）
也		斜钩	 （EPF22281）	竖右缓弯	 EPT40205	竖画	 （EPT48053）
八		横画	 （EPT05019）	竖画	 （EPT40154）	撇画捺画	 （EPT68016）

“耳”的右侧笔画可以写为弯钩、卧钩或竖画；“戎、成”的右侧笔画有时写为竖左缓弯，有时写为斜捺；“也”的末笔呈现为斜钩、竖右缓弯、竖画三种。“八”字只有两个笔画，呈现为横画、竖画和撇画捺画不同的形态。

六、同一字形笔画总量不固定

新简文字为手写体，笔画系统尚未完全形成，字形的笔画构成仍未固定，一个字形可以由不同的笔画构成，直接导致了同一字形的笔画总量不固定。例如：新简中“彊”呈现为（彊，EPF22593）、（彊，EPT56284）、（彊，EPT49045）等形态，左侧构件“弓”的笔画分别为4画、2画、5画，导致“彊”的笔画总数不固定。“凡”在新简中呈现为（凡，EPT53038）、（凡，EPF22025），笔画总数分别为4画和3画。

综上所述，新简的笔画共计9种，分为34个笔形，其中横画、竖画、撇画多来源于对篆体中横向、纵向、撇画状线条的继承，在古隶中也保持这样的写法。加之这些笔画本身笔形简单，书写中没有明显的转折和角度变化，因此作为笔画系统中最基础的笔画，很早就固定下来。点画、捺画、提画、钩画在篆体字形中没有直接对应的线条，是由对篆体不同形状的曲线改造而来，在改造中结合字形的特点，在书写快捷和整字布局稳定的支配下不断调整，逐渐缩小点画和捺画的笔形，固定提画和钩画的写法，直到魏晋南北朝时期才得以完善。弯画虽在篆体线条中多有呈现，但曲线的种类繁多，形态各异，每个字形中的曲线都专属于这个字形，与今文字笔画中的弯画性质不同。新简中的弯画继承了篆体的曲线，将篆体的圆转变为方折或缓弯，是隶体字形中的重要笔画，同时从对弯画的快速书写中产生了钩画，当钩画定形定量后，弯画的很多笔形退出历史舞台。结合新简文字的书写时期，可以认为，新简中的笔画刚刚形成，笔形多样，单字的笔画类型和总量不固定，笔画系统正在向完善期过渡。

第三章　居延新简构件研究

第一节　构件演化

构件的演化是指构件在由篆到隶演变的过程中发生的形体变化，分为同位演化和多位演化两类。同位演化指构件在整字中的同一位置发生形体变化，这些变化多是由于书写的快捷导致笔画的改变而产生。多位演化指单字作为构件时，受整字结构方正稳定的支配，在不同位置产生的形体变化。分析居延新简文字构件演化的情况，从中可以推断出形体之间的相互关系和演化顺序，认清新简字形所处的历史阶段构件自身的演变情况。

一、同位演化

新简中呈现出同位演化的构件共计 12 组，分别如下：

（一）艸—艹—卄—䒑

艸，篆体作 ，隶体笔画将曲线拉直，字形变为“艹”，如：（苦，EPT14017）、（苍，EPT50134）；快速书写时，两个横画连写为一笔 （苦，EPF22243），有的变形为“䒑” （苦，EPT50001），“艸”的简化形体“䒑”产生。演变顺序为：艸—艹—卄—䒑。

（二）癶—丗—业—䒑

“癶”的字形表示两只位置相对的脚形，《说文 · 癶部》：“癶，足剌癶也。从止、𣥂。”“𣥂”是“止”的反书字形。新简中，构件“癶”与“止”相同，都演变为“䒑”。但是“癶”并非直接减省一个“止”，再由“止”变为“䒑”，通过对字形的分析，我们发现，构件“癶”是由于对笔画的拆分和连写造成形体最后与“䒑”混同。在篆体向隶体演变的开始阶段，在遵循曲线拉直、改逆为顺的前提下，“癶”呈现为（發，EPF22008）。在快速书写的驱动下，处于同一水平位置的横画合并，上面的短笔画变为四个短竖，呈现为（發，EPT59376），构件“癶”表示两个脚趾的相似性已经几乎完全消失。在进一步的速写之后，点画的个数已经不会影响到整字的构义，于是四个点画可以变为三个点画（發，EPT51015）、两个点画（發，EPT20027），构件“癶”演变为“䒑”形，其演变顺序为：癶—卌—业—䒑。在草体字形中，“癶”演化为“乂”形（發，EPT50051），笔画进一步简化。

（三）炏—炏—𡉚—廿—艹、炏—炏—𡉚—灬—⺍

构件“炏”在书写时共用一个笔画（勞，EPF22243）；在书写快捷时，撇画和捺画连写为一个横画（勞，EPT53017）；有时连写为竖左弯，同时将点画连写为一个长横画（勞，EPT51323）；形体逐渐变为“艹”（勞，ESC073）。构件演变顺序为：炏—炏—𡉚—廿—艹。

此外，构件“炏”在演变为“𡉚”之后，随着撇画和捺画长度和置向的改变，演化为很多的点画（勞，EPT56199），由于构件表意功能的逐渐减弱，点画在书写快捷的要求下变为不固定的形式，可以写为四个点画（勞，EPT57035），也可以写为三个点画（劳，EPT59189），在新简的字形中，以三个点画的字形居多。也就是说，构件“炏”的另一种演变方式为：炏—炏—𡉚—灬—⺍。

（四）爫—爫—日

爭:《说文·部》:“争，引也。从爫、厂。”构件“爫”“又”是手的象形，“爫”与“厂”的横画位置相近，在书写时连在一起，呈现为“日”形，例如:（爭，睡·语11），马王堆帛书中的字形将上部构件写为扁方结构:（爭，马·战145）。新简中字形为“爭”（爭，EPT68025），上部构件形体在演变过程中与“日、曰、甘”的隶体字形混同，东汉碑刻中也有此字形（爭，礼器碑）。新简中由“爭”参构的“静”呈现为（静，EPF22233），构件“爭”上部写为“日”形。

（五）父—乂—又

新简中的“父”独立书写时呈现为（父，EPT08009）、（父，EPT51325），右上角点画与第三笔撇画有时连写。作为构件时，呈现为（布，EPT59204）。起笔撇画减省，呈现为“又”形，如（布，EPT52138）。构件“父”的演化顺序为:父—乂—又。

（六）交—交—文—文

交:篆体作,《説文·交部》“交，交脛也。从大，象交形。”字形为（交，EPT06008），构件“亠”下面的线条为弧笔“つ”“ㄈ”，在隶体字形对篆体线条的改造中，逆向书写的线条被拆分为两个笔画撇画和捺画，如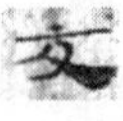（交，EPT59031）。起笔的撇画省写之后，“交”的字形变为:（交，EPT51082），再将横撇变为撇画（交，EPF22005）。由“交”参构的字形呈现为（茭，EPT40053）、（校，EPT65050），构件均写为“文”形。“交”的演化顺序为:交—交—文—文。

（七）彳—彡—彡—氵

“彳”作为构件书写时，第三笔画竖画多写作竖弯，如（行，EPT52165），在快速书写的支配下，竖弯笔画逐渐变为撇画或如（往，EPT68087）；受前两个撇画的书写影响，第三笔竖弯笔画也变为撇画，使构件“彳”变为“彡”形（往，EPF22502）；三个撇画的书写方向没有固定，当第三笔写为接近提画时，“彳”变为“氵”形（行，EPF22029）、（行，EPT59189）；在草体字形中变为笔程极短的点画，与“氵”无别：（得，EPT59030）、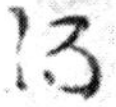（得，EPF22197）。因此，构件“彳”的演变顺序为：彳—彡—彡—氵。

（八）虍—严、严—丙、冉、再、丙

新简字形中构件“虍”，按照形体不同可分为以下六类：

构件	例字	例字	构件	例字	例字
严	（EPT52002）	缺	严	（EPT59008）	（EPT52511）
冉	（EPF22025）	（EPF22042）	丙	（EPF22655）	（EPT49047）
再	{ES（T119）.2}	（EPT68108）	丙	（EPT08015）	（许安国墓祠题记）

通过对比分析，可以发现，构件“虍”在演化中形成六种不同的形体：严、严、丙、冉、再、丙，其中与篆体字形最接近的是“严”“严”，这两个形体左侧保留长的撇画，复杂的笔画组合位于上方。“丙、冉、再、丙”的笔画左右长度一致，将位置相近的笔画改造为长笔画，形体方正稳定。

（九）雨—雨—亜、丙

雨：甲骨文作（雨，合·20975）、金文作（雨，子雨己鼎），字形的象形性很强，四个点表示正在降落的雨滴。《说文》小篆作，四个雨点与中间的纵向线条连接，对称书写。古隶作（雨，睡·日甲39正），线条逐渐拉直，四个点逐渐演变为两个横画。作为构件时，雨字形体变为“亜”，（露，EPT58032）。在东汉碑刻中的字形中写为“丙”，例如：（雪，张迁碑）、（雷，苍山元嘉元年题记）、（霜，石门颂）。

（十）竹—⺮—卄—䒑

新简中“竹”呈现为（竹，EPT58063），作构件时常位于整字的上端，分为“撇、捺、竖”三种笔画，如：（等，EPT40205）；快速书写时，中间的短竖画省写，构件变为“⺮”形：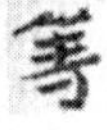（等，EPF22158）；两个捺画连写为一笔，与两个撇画组成“卄”形：（等，EPF22137），再演变为“䒑”形：（等,EPT51224）。“竹”的演变顺序为：竹—⺮—卄—䒑。

（十一）巛—止—䒑

“首”：篆体作，上部为三个相同笔画“巛”，在篆体向隶体的演变中，构件“𦣻”被拆分为两部分，上端的横画与“巛”合并，隶定为“止”，下端的“自”隶定为“目”，字形变为“肯”（首，EPF22221）。由“首”参构的“道”呈现为（道，EPT58011）、（道，EPF22325），也写为“肯”形。之后由于快速书写，“止”变形为“䒑”：（首，

EPT20019），“巛”完成了从“止”到“⺍”的形体演变过程。在东汉碑刻中依然能看到从“止”和从“⺍”的两种字形：（道，夏承碑）、（道，大开通）、（道，肥致碑）。现代汉字“道”的字形，右上部已经变为“⺍”，看不出原始的构义。与其他构件演化不同的是，“巛”在演化过程中，借用“首”中的横画，共同变为“止”形，而不是单独演化。

豈：篆体为，《说文·豆部》：“还师振旅乐也。一曰欲也，登也。从豆，微省声。”“微”字的右侧构件“敚”，由“𢼸”和“攵”组成。“𢼸”的甲骨文字形为（𢼸，合·4570），象人的头发上带着羽饰之形，也表示长发。新简中的“豈”字形为（豈，EPT02005）。由“豈”参构的字形“鎧”，有从“止”、从“⺍”两种写法：（鎧，EPF22312）、（鎧，EPF22061）。

（十二）从—⺌—艹—⺍

从：篆体作，字形由两个人形组成，一前一后相随而行。由“从”参构的字形“從”，在新简中呈现为两种字形，第一种将构件改为“人”：（從，EPF22065），第二种将“从”写为“⺍”（從，EPF22452），“从”位于整字上端，在快速书写时，笔画向两侧展开（從，EPT56022），随着书写快捷，笔画合并，演化为一个长横画与两个短竖画，呈现为“艹”形（從，EPF16051），笔画进一步调整之后变为“⺍”（從，EPF22452）。“从”的演变顺序为：从—⺌—艹—⺍。

综上所述，新简中呈现处于演化中的构件共计 12 个，其演化序列分别如下：

序号	演化构件	序号	演化构件
1	艸—艹—卄—䒑	7	亻—彳—彡—冫
2	𠦬—丗—业—䒑	8	虍—严、严—冂、冎、覀、丙
3	炏—炏—炑—廿—卄 炏—炏—炑—灬—丷	9	雨—甬—覀、丙
4	罒—罒—日	10	竹—𥫗—卄—䒑
5	父—乂—又	11	巛—止—䒑
6	交—亥—文—文	12	从—𥫗—卄—䒑

二、多位演化

隶变之后的汉字形体，在结构平衡的作用下，同一个构件在整字中的不同位置呈现出不同的形体。“隶变后的字形趋于符号化，是以单字形体整体（独体）、或以直接构件（组成单字形体的一级构件）组合体（合体）来表示功能，因此，单字形体内部或直接构件形体内部的构成不再重要，这就导致了笔画的无指向性改造，只以便捷为原则，小篆字系中同一构件无论出现在字形的什么位置形体都一样，而在隶体、楷体中同一构件在字形的不同位置可能会以不同的形体显现。”① 下文将整理居延新简中构件多位演化的现象。

（一）手

“手”字在早期文字中作（手，臣谏簋）、（手，柞钟）等形，是人手的象形。由于和人类的日常生活密切相关，所以“手”字作为构件参构了大量的字形。出于结构平衡的需要，在和不同构件结合时，“手”的形体也发生了变化，在新简文字中根据其所在整字形体中的位置大致有五种变化形式。位于左右结构的字形左侧时，写为“扌”形，或是将手的结体改为

① 王贵元：《汉字发展史的几个核心问题》，《中国语文》，2013年第1期。

瘦长形，如：（拜，EPT40008）、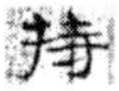（持，EPF22026）。位于字形下部时，根据整字的结构改为“丰”或是将结体改为扁方形，如：（舉，EPT48158）、（擊，EPF22246）。在“失”字中，为了和由“乙”变来的捺画对称，将竖弯改写为长撇，顶部的短撇则变为一个点缀在第一个横画左端，整个形体发生了较大的变化，几乎面目全非。具体情形如下表：

“手”演化对照表

手	变体	手	扌	丰	𠂒	手
	例字	拜	持	舉	失	擊
	新简字形	（EPT40008）	（EPF22026）	（EPT48158）	（EPT10011）	（EPF22246）

（二）水

“水”本为象形字，商周时代作（水，合·24443）、（水，沈子它簋）等形。“水”也是一个常用构件，在《说文》中，“水”作为构件参与构字四百多个。在新简文字中出于书写便捷、形体结构平衡的需要，在不同的整字环境下，“水”的形体也发生了多种变化。在众多由“水”参构的字形中，以左右结构为主，且“水”多位于左侧。在这些字形中多简写为三点水，为“氵”形。这种变化在古隶文字中就有呈现，很多写成平行的三撇，即楷体偏旁“氵”的初形。在新简文字中作为偏旁的“氵”形体已趋于成熟，如：（汝，EPT49064）、（河，EPT68037）。当“水”位于整字一角做构件时，受空间的局限，原来的竖长形体压缩变短，这种情形下再写原来屈曲的笔形已经很困难，因此笔画基本拉直，如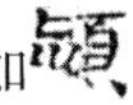（潁，EPF22021）。位于整字上方时，会根据整字布局变为扁平形体，如在“益”字中，如果

“水”仍保持直立的状态就会使整个字形过于细长，既不美观也不稳定，所以改为横置以实现整字的结构平衡。“水”的变体见下表：

“水”演化对照表

水	变体	氺	氵	氺	水
	例字	颍	汝	益	冰
	新简字形	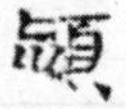（EPF22021）	（EPT49064）	（EPT57014）	（EPT59374）

（三）犬

“犬”为象形字，古文字呈现为（犬，丁犬卣）、（㚒犬魚父乙鼎）等形。篆文作，古隶呈现为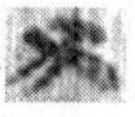（犬，睡・日甲27背），新简中呈现为（犬，EPT51707）。“犬”作为构件，位于整字左侧时，为了保持整字的方正，形体变窄，形态细长。当“犬”作为构件位于整字右侧时，与单独成字形体相似，且着力突出下部的捺画，捺画收笔处顿笔出锋以使整字保持稳定。如：（狀，EPT40203），新简中有一个字形呈现为（戾，EPF2399），右下“犬”的捺画有重复书写的痕迹，原笔画也是捺画，笔程较短，收笔上扬。重复笔画为捺画，使用按顿笔画，加长笔程，使捺画与左侧撇画的水平位置相同，整字更加稳定。“犬”位于整字左侧做偏旁时，形体被改写为“犭”。如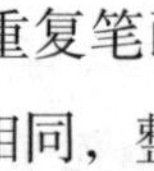（犯，EPF16037）。位于左侧如果仍保持原字形，则将末笔的捺画变为点画，具体字例见下表：

"犬"演化对照表

犬	变体	犬	犭	犬
	例字	狀	犯	㹜
	新简字形	（EPT40203）	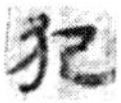（EPF16037）	（邗江王奉世墓木牍）

（四）火

火，篆文作，新简中呈现为（火，EPF22414）。"火"作为构件时的形体根据位置不同产生多种变化。位于整字左侧时，末笔捺画改为点画，形体收窄，呈现为"火"，如（炊，EPF22602）。位于整字下端时，整体字形改为"灬"，如（然，EPT49006）。同样位于整字的下端，也有保持原形而形体变得横阔的，如（灰，EPF16038）。位于整字上部时，改为"⺌"，如（光，EPT51163）。这些形体的改变都是在整字结构方正的支配下与其他构件的形体进行适度的调整。相关的字形对比见下表：

"火"演化对照表

火	变体	火	火	灬	⺌
	例字	灰	燔	然	光
	古隶字形	（马·老甲36）	（马·老甲134）	（马·春82）	（马·老乙63下）
	新简字形	（EPF16038）	（EPT40061）	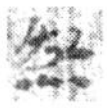（EPT49006）	（EPT51163）

（五）邑

“邑”的早期字形作（邑，小臣邑斝），篆文作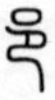，古隶作（邑，睡·日乙93），新简文字中呈现为（邑，EPT05023）、（邑，EPT51224）、（邑，EPT52044）等形。在参与构字时主要位于整字的右侧和下端。“邑”的末笔为竖弯钩笔画，占据较宽的平面位置，位于整字下端做构件时，可以极大地增强整字的稳定性。如（邕，ESC167）。位于整字两侧时，如果保持原形则会增加整字的宽度，因此，“邑”通过改变字形为“阝”，减少自身所占面积，与其他构件在整字中合理分配。如：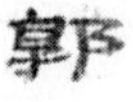（郭，EPT57066）。字形对照情况如下表：

“邑”演化对照表

邑	变体	邑	阝	𠃑
	例字	邕	郭	郶
	新简字形	（ESC167）	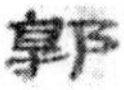（EPT57066）	缺

（六）人

“人”字在商周时代的字形呈现为（人，作冊般甗）、（人，膳夫山鼎）等形，篆文作，古隶呈现为（人，睡·日乙19），新简中呈现为（人，EPT03010）。“人”作为构件时根据所在整字中的位置改变形体以保持整字的结构平衡和方正稳定。新简中“人”在整字的左侧做构件时，改写为撇笔和竖笔的结合，即“亻”，如（保，EPT40206）。位于整

字的右侧时往往会发生笔画书写方向的变化以保持整字的平衡。如在“死”字中，“匕”呈现为一个反写的“人”形，为填补整字右下角的空缺，增强结构的稳定，“匕”字的笔画变为竖弯钩。而在“咎”字中，则缩短笔画为点画，这样可以有效减少上部构件所占的面积，使整字构件平均分布，避免头重脚轻，也是出于整字结体方正、稳定平衡的考虑。具体字例如下表：

“人”演化对照表

<table>
<tr><td rowspan="3">人</td><td>变体</td><td>人</td><td>匕</td><td>亻</td><td>卜</td></tr>
<tr><td>例字</td><td>仄</td><td>死</td><td>保</td><td>咎</td></tr>
<tr><td>新简字形</td><td>
（EPT51224）</td><td>
（EPT52170）</td><td>
（EPT40206）</td><td>
（EPT59556）</td></tr>
</table>

（七）川

“川”字笔画简单，结构简洁，单独书写时呈现为（川，EPT59515），作为构件时，根据所在位置字形发生改变。新简中共呈现 4 种变异形体，分别如下：（邕，ESC167），“川”作“巛”，竖长书写的笔画调整为三个形体相同的撇折笔画，缩短了笔画的高度，使整体字形保持平衡。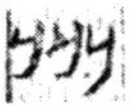（州，EPF22067），“州”的字形为两个“川”的拼合，交汇处形成的空间即为“州”的本义，因此，“川”将笔画变为竖折作“ꟷ”。（泉，EPT02019）、（流，EPF22322），“川”作“小”。东汉碑刻字形“巟”呈现为（巟，曹全碑），“川”作“儿”，末笔改为竖弯，既可以缩短构件的长度，又可以与第一笔撇画笔形对称。具体情形如下表：

"川"演化对照表

川	变体	巛	川	小	川
	例字	邕	州	泉	巟
	新简字形	（ESC167）	（EPF22067）	（EPT02019）	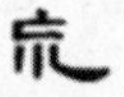（曹全碑）

（八）止

止：篆体为，《说文·止部》："下基也。象艸木出有址，故以止爲足。"新简中呈现为（止，EPF16044），由四个笔画分别书写形成。在书写过程中，出现两种演变方式。

第一，"止"的左侧短竖画与下部横画连笔书写（止，EPT65334），逐渐拉直（前，EPS4T1014），竖画和撇画变形为点画，并调整位置，变形为"䒑"（前，EPT05042），构件"止"字形演变顺序为：止—止—上—䒑。

第二，"止"上部右侧的横画变为撇画（止，EPT56190），横画上面的笔画全部变为点画（止，EPF22193）、（前，EPT65026），点画的数量减为两个，变形为"䒑"（前，EPT49046）。构件"止"字形演变顺序为：止—止—䒑—䒑。

以上论述"止"位于整字上部作构件时演化为"䒑"的过程，当"止"位于整字下部时也演化为"䒑"形，但末笔的横画写为直捺或斜捺，例如：新简中的"正"呈现为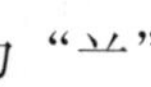（正，EPT08001），"是"呈现为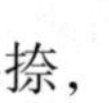（是，

EPF22727），“走”呈现为（走，EPT51141），末笔均为捺画。“止”位于整字左下角时，有三种变形，第一种是将末笔横画变为提画，整字呈现为左右结构，如：（趣，EPT57108）、（归，EPF22061）。第二种变为长写的捺画，使整字变为左下三包围结构，如：（起，EPT65200）、（超，EPT50007）。第三种是与“彳”组成构件“辵”，一起变形为“辶”，如：（遵，EPF22065）、（適，EPT26014）。

“止”演化对照表

止	变体	丷	止	之	辶
	例字	前	起	是	遵
	新简字形	（EPT49046）	（EPT65200）	（EPF22727）	（EPF22065）

（九）参

㐱：篆体作，《说文·彡部》：“㐱，稠发也。”表示人头发多的样子。新简中构件“㐱”位于整字右侧时写为“勿”（殄，EPT57015），有时将上部的缓弯笔画拆分为两笔，一笔与左侧撇画组成“人”形：（廖，EPT59119），一笔与原有的两个撇画组成三个笔画：（参，EPT49045）。笔画调整固定之后，“㐱”变为“尒”形：（殄，EPT65044）、（参，EPF22462）。由以上字形看出，“㐱”位于整字右侧和下端时，形体演变为“尒”或“勿”形。新简中的“廖”和“参”分别有字形呈现为

（廖，EPT31004）、（参，EPT56076），构件“㐱”呈现为“豖”形，东汉碑刻字形中，“㐱”有两种形体，呈现为（参，熹平《论语》）、（参，曹全碑）。

“㐱”演化对照表

<table>
<tr><td rowspan="3">㐱</td><td>变体</td><td>尒</td><td>豖</td><td>刅</td><td>㐱</td></tr>
<tr><td>例字</td><td>参</td><td>廖</td><td>殄</td><td>参</td></tr>
<tr><td>新简字形</td><td>（EPF22462）</td><td>（EPT31004）</td><td>（EPT57015）</td><td>（熹平《论语》）</td></tr>
</table>

综上所述，新简中呈现多位演化的构件共计9个，其演化序列分别如下：

序号	构件	演化变体
1	手	手、扌、丰、才、手
2	水	氺、氵、兴、水
3	犬	犬、犭、犬
4	火	火、火、灬、业
5	邑	邑、阝、邑
6	人	人、匕、亻、卜
7	川	巛、川、小、川
8	止	止、止、之、辶
9	㐱	尒、豖、刅、㐱

通过以上几例字形的变化，可以发现，新简中构件形体的改变多表现为笔画的调整和改变，构件形体根据在整字中所处位置的差异，在整字优先的支配下进行多种不同形体呈现方式的探索，在这种变化中，形体表示物象的功能逐渐降低，优先考虑整字的布局和结构稳定。

第二节　构件换用

构件换用指合体字形用与自身某个构件的音或义有联系的其他构件替换自身原有的构件且不影响本来的造字理据，这种现象称为构件换用。居延新简中的构件换用包括意符换用、声符换用、声符换为意符等现象。

一、意符换用

新简中意符换用的字形共计17组，分别如下：

（一）口—月（肉）

新简中“喉”作（喉，EPT59010），构件由“口”改换为“月（肉）”。脥:《类篇·肉部》:“脥，咽也。”表示咽喉，意符为“月”。在这里将表示口腔的构件“口”换为“月（肉）”，“月”能够参与整字的构义，因此换用。

（二）缶—瓦

罂:《说文·缶部》:“缶也，从缶，賏声。”“缶”是一种瓦器，用来盛放酒浆。新简中的“罂”，构件“缶”换为“瓦”，字形变为（甖，EPT51064），属于意符换用。

（三）米—禾

米:篆体作,《说文·米部》:“粟实也，象禾实之形。”

禾:篆体作,《说文·禾部》:“嘉谷也。二月始生，八月而孰，得时之中，故谓之禾。禾，木也。木王而生，金王而死。从木，从𠂹省。𠂹象其穗。”

米是禾成熟结果的形状，“米”“禾”二字形体和字义相近，因此在许多字形中常出现换用现象。新简中“粟”呈现为两种字形，从“米”

（粟，EPT40203），从“禾”（粟，ESC045）。“稾”也有从“米”、从“禾”两种字形（稾，EPT65342）、（稾，EPT57010）。意符“米”“禾”双向换用。

（四）氺—米

黍：篆体作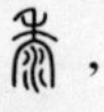，古文字字形为（黍，合·9977）、（黍，合·9950正）、（黍，仲父盘），构件“氺”表示禾苗生长离不开的水。新简中的部分字形将构件改换为“米”，字形变为“黍”，例如：（黍，EPT06104），“米”即粮食小米，属于意符换用。

（五）厂—广

新简中构件从“广”的字形均无从“厂”的写法；从“厂”的字形，除“仄”以外，“厚、厥、厭”的字形皆从“广”，如：（厚，EPT65197）、（厥，EPT59061）、（厭，EPT49003）。“厂”“广”二字形体相近，字义相通，在新简中作为构件时发生单向换用。

（六）冖—宀

新简中由构件“宀”组成的字形有“家、宅、室、宣、宛、宇、宏、察、定、安、實、容、完、富、寶、宰、守、宜、写、宿、宽、客、寄、寒、害、宋、宗、宫、寅、空”等，这些字形中，除“宜”“寅”有从“冖”的字形外，其余都没有从“冖”的字形。从“冖”的字形有“冠、軍、冤”，这些字形全部都有从“宀”的字形，所占比例如下表：

从“宀”、从“冖”字形比例表

例字	篆体	所从构件	字形	字数	百分比
宜		宀	（EPT06066、071）	13	39.4%
		冖	（EPT59340）	20	60.6%
寅		宀	（EPF22453）	60	96.8%
		冖	（ESC171）	2	3.2%
冠		宀	（EPT20003）	10	66.6%
		冖	（EPT06073）	5	33.4%
軍		宀	（EPF22391）	7	28%
		冖	（EPF22038）	18	72%
冤		宀	（EPT58090）	2	50%
		冖	（EPF22728）	1	25%

从上表可以看出，所有从“冖”的字形，构件改写为从“宀”的占总字数的 50% 以上，也就是说，除“宜”之外，所有从“宀”的字都不会改写为从“冖”，所有从“冖”的字都可以改写为从“宀”。“宜”之所以去掉“宀”上部的点画，改为“冖”，与它本身的字形结构有关，“宜”金文作（宜，中山王鼎），《说文》古文作，在“宀”的下面是上下重迭的“多”字，整体字形取瘦长之势，取消“宀”上的点画，字形整体略为方正，显然这是整字结构布局的自我调整。同理，所有从“冖”的字形改为从“宀”，除了受到构件“宀”的形体影响之外，还可能是出于书写时的顺畅，试比较书写一个字形，由中部点画起笔，可以很快固定整字的结构和位置，之后的笔画书写以点画为上部中心合理安排布局。

（七）宀—穴

新简中的“定、察、富”，有从“穴”的字形如下：（定，EPF22129）、（察，EPF22351）、（富，EPF16030），“定”“富”构件“穴”的点画书写由外向内，呈现为“丷”形。

（八）寸—攵

冠：《说文·冖部》：“从冂，从元，元亦声。冠有法制，从寸。”新简中的字形有的将意符“寸”换用为“攵”，写作（冠，EPT65039）。

（九）攴（攵）—殳

攴：篆体作，《说文·攴部》：“小击也，从又，卜声。”象手持物品之形。攵：即攴，《广韵·屋部》：“凡从攴者，作攵同。”[①]

殳：篆体作，《说文·殳部》：“以杸殊人也。从又几声。”象手持兵器之形。“攴”的上部竖画倾斜即为撇画，下部“又”的横撇拉直即为撇画，可以变为“攴”，再简写为“攵”。因此，“攵”是“攴”的异写字形。

新简中“殺”的字形有两种，一种构件为“殳”（殺，EPF22233），一种构件为“攵”（殺，EPF22047），“徵”的构件为“殳”｛徵，ES（T115）.1｝，构件“殳”“攵”换用。

（十）又—寸

又：篆体作，《说文·又部》：“又，手也。”是人的手形。

寸：篆体作，《说文·寸部》：“十分也。人手却一寸，动脉，谓之寸口。从又，从一。”指手腕一寸之处，动脉的地方。

新简中的“叔”字形为（叔，EPT51070），“叔”的构件“又”是意

① 周祖谟：《广韵校本》，中华书局，1960年版，第454页。

符，换为“寸”属于意符换用。“叔”作为其他字形的构件时也写为“村”，例如：

督：在古隶字形中构件从“寸”，呈现为（督，马·老乙231下）。八分隶保持从“寸”的写法：（督，曹全碑），在新简中，“督”字共计12例，全部写为从“寸”的字形“督”：（督，EPF22064）。新简中构件“又”和“寸”换用的字例共计5例，除“叔”、“督”之外，字形分别如下：（曼，EPF22215）、（謾，EPF22416）、（僈，EPF22281）。

（十一）又—叉

叉：篆体作，《说文·又部》：“手指相错也。”表示手指交叉之形。新简中的“奴”有从“又”、从“叉”两种字形：（奴，EPF22341）、（奴，EPF22223）。由“奴”参构的字形，也有从“又”、从“叉”两种字形，如：（弩，EPS4T1007）、（弩，EPF22289）、（怒，EPT59075）、（怒，EPF22026）。其中，构件写为“奴”的字形数量非常少，大多数字形中的“奴”从“叉”。

（十二）又—丈

丈：篆体作，《説文·十部》：“丈，十尺也。从又持十。”表示用手持物丈量之义。“又”是“侵”的意符，在新简中混同为“丈”，如：（侵，EPT02033）、（侵，EPT52415）。

（十三）又—攴（攵）

新简中意符“又”和“攴”换用的字形如下：

字例	篆体	从“又”	从“攴”
函	函	缺	（EPF22035）
枚	枚	（EPT51751）	（EPT51249）
政	政	（EPF22267）	（EPT51065）
教	教	（EPT51123）	（EPT44004）
檄	檄	（EPF22199）	（EPF22151）
故	故	（EPT31021）	（EPT40202）
敞	敞	（EPT51203）	（EPT10016）

（十四）豕—彖

家：篆体作 ，《说文·宀部》：“家，居也。从宀，豭省声。”新简中的“家”呈现为 （家，EPT58030）、 （家，ESC056）两种字形，第二种字形构件从“彖”。

彖：篆体作 ，《说文·彑部》：“彖，豕也。从彑，从豕。”新简中字形 （家，ESC056），意符“豕”换为“彖”。

（十五）仌—水

冰：篆体作 ，《说文·仌部》：“冰，水坚也。从仌，从水。”《说文》中构件从“仌”之字形，“仌”可形变为“冫”。新简中“冰”呈现为 （冰，EPT59374），构件从“氵”，“氵”是“水”做偏旁时的变体。在这个字形中，构件“仌”换为“水”。

（十六）帬—豕

豪：篆体作,《说文 · 部》:“豪，豕鬣如笔管者。出南郡。从帬，高声。豪，籀文。从豕。”新简中呈现为（豪，EPT52015），意符“帬”换为“豕”。

（十七）言—口

譱：篆体作,《说文 · 誩部》:“吉也。从誩，从羊。此与義、美同意。，篆文善。从言。”新简中“譱”写为“善”，呈现为（譱，EPT65200），意符“誩”减省为“言”。另一种字形为（譱，EPT40202），将“善”的构件“言”换为“口”。

居延新简中意符换用共计 17 组，它们分别是：

口—月（肉）	缶—瓦	米—禾	氺—米	厂—广
冖—宀	冖—穴	寸—攵	支（攵）—殳	又—寸
又—叉	又—丈	又—支（攵）	豕—象	仌—水
帬—豕	言—口			

由意符换用产生的异构字形 43 组，它们分别是：

喉—睺	瞿—瞿	叔—村	督—督	曼—㝵	謾—謗
僈—傽	粟—粟	稟—稟	厚—𢈡	厥—瘚	厭—㢵
宜—宜	寅—寅	冠—寇	軍—窜	冤—寃	惲—㤈
冠—冦	察—察	富—富	定—定	奴—奴	弩—弩
怒—怒	侵—侵	亟—亟	枚—权	故—叙	政—叹
教—叙	幣—幣	警—警	檄—檄	黍—黍	胥—胥
敞—敞	殺—敍	徵—徵	家—家	冰—冰	豪—豪
善—善					

二、声符换用

新简中声符换用的字形共计 7 组，分别如下：

（一）湊—蓬

湊：《说文 · 火部》："燧候表也，边有警则举火。从火，逢声。" 新简中呈现为（湊，EPT50134）、（湊，EPT58011），两种字形都将构件"火"写为"灬"，第二种字形将声符"逢"换为"蓬"，属于声符换用。

（二）昏—昬

昏：篆体作，《说文 · 日部》："昏，日冥也。从日，氐省。氐者，下也。一曰：民声。"新简中呈现为（昏，EPF22357），构件为"民"。"'民'，古音真部明母，'昏'，古音文部晓母，文、真旁转，明、晓古音常通。"①

（三）稈—穬

稈：《说文 · 禾部》："穄稈也。从禾，皇声。"

穄：《说文 · 禾部》："穄稈，穀名。从禾，旁声。""穄""稈"在《说文》中是连绵词，是穀的名称。新简中简号为（EPT65317）的简文为："……穄穬石六斗六升粟九斗……穄穬四斗三升……""穬"的字形呈现为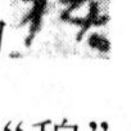（穬，EPT65317），根据文意可知，此句中的"穄穬"即穀名"穄稈"，"稈"写为"穬"，声符"皇"换为"黄"。

（四）犤—犤

犤：《玉篇 · 牛部》："犤，犂牛头。"《集韻 · 微韻》："犤，牛名。"新简中呈现为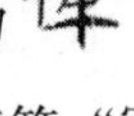（犤，EPF22025）、（犤，EPF22010）两种字形。第二种字形将声符"軍"换为"運"。

① 王贵元：《马王堆帛书汉字构形系统研究》，广西教育出版社，1999年，第84页。

（五）侮—㑄

侮：篆体作，《说文·人部》：“侮，伤也。从人，每声。”新简中呈现为（侮，EPT51229），声符“每”换为“母”。

（六）淦—泠

淦：篆体作，《说文·水部》：“淦，水入船中也。一曰泥也。从水，金声。”新简中呈现为（淦，EPT53046），声符“金”换为“今”。

（七）捊—抱

捊：篆体作，《说文·手部》：“捊，引取也。从手，孚声。抱，捊或从包。”新简中呈现为（捊，EPT48053），声符“孚”换为“包”。

居延新简中声符换用字形共计 7 组，他们分别是：

㵱—薰	昏—昬	稈—横	輝—韗
侮—㑄	淦—泠	捊—抱	

三、声符换为意符

餐—湌

“餐”：篆体作，《说文·食部》：“吞也。从食，声。湌，餐或从水。”“餐”为形声字，“食”是意符，“𣦼”是声符。新简中呈现为（餐，EPT51426）、（湌，EPT65200），字形“湌”，将声符换为意符“氵”。

第三节 构件混同

构件混同是指由于书写或演化等原因，整字中的构件或笔画组合体与其他构件的形体相同。新简中构件混同共计55组，分别如下：

（一）鱼—角

鱼：篆体作，古文字形体作（鱼，合·15486）、（鱼，犀伯鼎）、（鱼，石鼓·151），整字是“鱼”的象形，下端表示局部物象“尾巴”形。

角：篆体作，古文字形体作（角，合·5495）、（角，噩侯鼎）、（角，石鼓·93），字形是动物头部犄角的象形。

在古文字时期，“鱼”和“角”由于表示不同的物象，字形差别较大。到《说文》小篆时期，“鱼”下部的鱼尾写为纵向的线条，“角”的两侧纵向线条长度加长，形体结构纵长，线条走势与“鱼”相近。古隶中“角”作（角，马·春46），“鱼”作（鱼，马·老乙251下），下端四个点画呈纵向排列，与“角”相似，在新简中，构件从“鱼”的字均写为“角”，例如：“蘇”呈现为（蘇，EPT56334），“鮮”呈现为（鮮，EPF22159），“魯”呈现为（魯，EPT52208），“鮑”呈现为（鮑，EPT51070）。

（二）來—夾

來：篆体作，甲骨文作（來，合·1422），金文作（來，牆盘），《说文·來部》：“來，周所受瑞麥來麰。一來二縫，象芒束之形。”字形象麦子的形状。在新简中，“來”的字形呈现为（來，EPT50200），与现代汉字“来”相同，两侧表示叶子的笔画“人”简化为点画。

夾：甲骨文作（夾，合 ·24241）、（夾，夾卣），《説文 · 大部》：“夾，持也。从大，俠二人。”表示一个人被左右两个人相持。新简中，“勑”的字形呈现为两种（勑，EPT44030）、（勑，EPF22131），第二种字形的构件“來”与“夾”混同。

（三）九—丸

九：篆体作，《说文 · 九部》：“九，陽之變也。象其屈曲究盡之形。”字形象曲折变化的样子。

丸：篆体作，《说文 · 丸部》：“丸，圜，倾侧而转者。从反仄。”指圆形的物体。

新简中的“染”写为（染，EPT48072），“凡”应为“丸”的异体字形。“染”中构件“九”写为“丸”，属“九”与“丸”的混同，在这个字例中，又将构件“九”写为了“丸”的异体“凡”。

（四）幵—井

新简中“井”呈现为{井，ES（T119）.2}、（井，EPF22462），字形中部有点画。由“幵”参构的字形“開”呈现为（開，EPT65173）；“刑”的部分字形呈现为（刑，EPT58003），构件“幵”写为“井”。

（五）侯—焦

侯：篆体作，构件“矦”在《说文 · 矢部》中的释义为“矦，春饗所射矦也。从人，从厂，象张布，矢在其下”。《字汇 · 矢部》：“矦，古侯

字。”甲骨文字形为（侯，合·6810正），金文作（侯，应侯见工簋）。（侯，《说文》古文），字形的中间是一个“矢”字。新简中“侯”的字形为（侯，ESC006）。

焦：篆体作，《说文·火部》：“，火所伤也。从火，雥声。或省。”古文字字形为（焦，匽侯载器）、（焦，马·老乙169上），构件从“火”，在新简中的字形为（焦，EPT58046）、（焦，EPF22189）。

“焦”的构件“火”在隶体字形中变形为“灬”，“灬”的笔画不固定，常常减省。由“焦”作构件的字形“墧”，隶体字形为（墧，EPT06037），此外，“墧”的字形中有的构件“焦”减省为两个点画：（墧，EPF22490），有的连写为一个长横画：（墧，EPT59209）。“堠”的字形有（堠，EPF22411）、（堠，EPF22478），构件“矢”的撇画和捺画也变形为点画，与“墧”混同，不易区分。

（六）片—斤

牒：篆体作，《说文·片部》：“札也。从片，枼声。”是古代书写文字所使用的竹木片。古隶作（牒，睡·秦35），字形皆从“片”。新简中“牒”共计44例，字形全部从“斤”，呈现为（牒，EPF22056），构件“片”与“斤”混同。

（七）瓦—耳

瓦：篆体作，《说文》：“瓦，土器已燒之總名。象形。”表示瓦片。古隶时期的字形为（瓦，睡·日甲74背），东汉碑刻字形为（瓦，张景碑）。

耳：篆体为，《说文》："耳，主听也。象形。"甲骨文字形为（耳，合・14755 正）、（耳，亞耳尊），字形与耳朵的外形相差无几。古隶字形为（耳，睡・日乙 255）、（耳，马・老甲 209）。

新简中没有单独字形"瓦"，构件从"瓦"的字形有"甑""瓨"，字形中的构件"瓦"全部写为"耳"：（EPF22602）、（ESC029）。由"耳"参构的字形"聞"有两种字形：（聞，EPT49009）、（聞，EPT49036），第一种字形构件从"耳"，第二种字形中的构件呈现为"瓦"，由此可见，在居延新简的文字中，"耳"与"瓦"双向混同。

（八）叚—段

新简中"段"的字形呈现为（段，EPT52225），右侧为四笔横画与一个竖画；"豭"呈现为（豭，EPF22731）、"假"呈现为（假，EPF22723），构件"叚"的左侧都写为四个横画与一个竖画，右侧写为"殳"，据此判断构件已写为"段"，二者混同。

（九）反—攵

反：篆体作，《说文・又部》："反，覆也。从又，厂。反形。"

攵：即攴，篆体作，表示手持物体之形。

"反"与"攵"形体相近，字形区别在于起笔笔画的不同，"反"由横画和竖画相接组成，字形如（反，EPT52165）；"攵"由"攴"形变而来，起笔呈现为"𠂆"，左侧为撇画，且位置接近上方，与"反"明显不同。在新简中，由"反"参构的字形"版"呈现为（版，EPT52292），"板"呈现

为（板，EPT27056），二字右侧构件“反”皆写为“攵”。“敗”呈现为（敗，EPF22032），右侧构件“攵”写为“反”，“攵”与“反”双向混同。

（十）夋—畟

新简中“稷”的字形呈现为三种：（稷，EPT20004）、（稷，EPF22153）、（稷，EPF22161）。

新简中“稷”出现的简文共计四条，分别如下：

檄到憲等循行修治社稷令鮮明當侍祠者齋戒以謹敬鮮絜約省為　22.159

令修治社稷令鮮明當侍祠者齋械謹敬鮮絜約省為故方考行如　22.161

褒史尚謂官縣以令秋祠社稷今擇吉日如牒書到令丞循行謹修治社稷令鮮明令丞以下當　22.153A

八月廿六日己巳直成可祠社稷　22.156

简文中“社稷”连写，“稷”的构件“禾”受上文字形“社”的影响，类化为“禝”。构件“畟”“夋”形体相近发生混同，产生“禝”与“禝”字形。

（十一）匕—止

止：篆体作，《说文·止部》：“下基也。象艸木出有址，故以止为足。”

匕：篆体作，《说文·匕部》：“相与比叙也。从反人。”字形为反向书写的人字形。

老：篆体作，《说文·老部》：“老，考也。七十曰老。从人、毛、匕。言须发变白也。”古文字呈现为（老，合·13758反）、（老，殳季良父壶）、（老，侯马盟书）。新简中“老”全部写为（老，EPS4T2136）、

（老，EPF22281），构件“止”与“匕”混同。

（十二）亻—彳

假：篆体作，《说文·人部》：“假，非真也。从人，叚声。”新简中呈现为（假，EPT59233）、（假，EPF22723），构件“人”由于书写原因形体与“彳”混同，“彳”不能参与“假”字的构义，属于混同。

（十三）彳—彡

构件“彳”在演变过程中，在快速书写的支配下，第三笔画的笔形与前两个撇画趋同，自右上向左下书写，形体与“彡”混同。新简中与“彡”混同的字形如“律”，呈现为（律，EPF22251），“往”呈现为（往，EPF22502）。

（十四）彳—氵

新简中构件“彳”演化为“氵”形，末笔书写自左下向右上斜出，与构件“水”的变体“氵”混同，如“行”，呈现为（行，EPT59189），与“決”（決，EPF22020）的偏旁相同。

（十五）止—艸

新简中构件“止”在演化过程中，与构件“艸”的演变形体“⺍”混同，在整字中不易区分。“前”呈现为（前，EPT59426）、（前，EPF22030），“步”呈现为（步，EPT53040）、（步，ESC012），“歲”呈现为（歲，EPF22011）、（歲，EPF22249），构件有的写为“止”，有的演化为“⺍”。

当“止”与“艸”的形体混同为“⺍”时，有些构件本从“艸”的字形也出现了从“止”的写法，例如：（苣，EPT49013）、（薪，

EPT10011），但所占比例较小。

（十六）竹—艸

竹：篆体作，《说文·竹部》："冬生艸也。象形。下垂者，箁箬也。"字形本身就是对竹子形状的描写。构件"竹""艸"在演化过程中，字形均变为"艹""䒑"，形体发生混同。新简中，构件从"竹"的字形多有从"䒑"的写法（见下表），从"艸"的字形没有从"竹"的写法，这说明，新简中，字形趋于简化是大的演变趋势。

例字	篆体	从"竹"	从"䒑"
等		（EPT40205）	（EPT52610）
符		（EPT50203）	（EPT44022）
箕		（EPT51189）	（EPT52312）
管		（EPT52480）	（EPT05190）
箭		（EPT08009）	（EPT49013）
笥		（EPF22011）	（EPT59284）
算		缺	（EPT51147）

（十七）廿—艸

廿：篆体为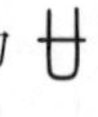，在笔画形成的过程中，隶体改变篆体中逆向的不利于书写的线条，"廿"的篆体曲线被拆分为两个笔画，字形呈现为（廿，EPT44003），在进一步的快速书写中，左侧的竖右弯笔画也逐渐拉直，于是整个字形变为"艹"：（廿，EPT49045）、（廿，ESC103），与"艸"的快速书写字形"䒑"混同。"廿"作为整字构件时，形体也演化为

“丷”形，如：（憧，EPT65053）、（謹，EPF22053）、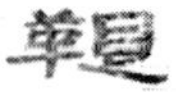｛韙，ES（T119）.1｝。

（十八）匕—艸

慎：篆体作，《说文·心部》：“慎，谨也。从心，真声。昚，古文。”声符“真”上部的构件为“匕”，表示反人形。新简中的“慎”字形为（慎，EPF22506）、（慎，EPF22741），可以看出构件“匕”的笔画被拆分为三笔，象“上”，第二个字形中横画上面的两个笔画对称书写，变为“丷”形，“匕”与“丷”混同。

（十九）壬—土

新简中构件从“壬”的字形有“聖、聽、程、望”四例，“聖”的5个字形全部从“土”，字形隶定为“聖”；“聽”共计9例，7例从“土”；“程”共计14例，2例从“壬”，12例从“土”；“朢”共计53例，13例从“壬”，40例从“土”。

字例	篆体	从“壬”	从“土”
聖		缺	（EPF22064）
聽		缺	（EPF22251）
程		（EPT03001）	（EPT58037）
朢		（EPT44008）	（EPT59348）

聽：《说文·耳部》：“聽，聆也。从耳、悳，壬声。”朢：篆体作，《说文·壬部》：“朢，月满与日相望，以朝君也。从月，从臣，从壬。壬，朝廷也。”“聖”“程”的声符为“呈”，《说文·口部》：“呈，平也。从口，壬声。”声符为“壬”。

从以上《说文》的释义可以看出，“聖、聽、程、朢”中的构件字形本为“壬”，新简中的“聖、聽、程、朢”的字形中，“土”与“壬”发生混同。

（二十）木—土

“木”在单独书写时，最后的笔画为撇画和捺画组合，撇画自右上向左下书写，捺画自左上向右下书写，笔画清晰分明，如：（櫜，EPF22024）、（李，EPF22252）。在快速书写时，左侧撇画为缩短与末笔捺画的距离，书写方向变为从左向右，笔形趋于横平，如：（櫜，EPT51125）、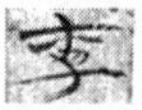（李，EPF22117）。

撇画的收笔与捺画的起笔合并，两个笔画合并为一个长横画，“木”字变形为“土”字形，如：（櫜，EPT49028）、（李，EPT58001）。

（二十一）大—土

“大”写为“土”，也是由于笔画的快速书写和变形，使“大”的撇画和捺画合并为一个长横画，与“土”混同。例如，新简中“恩”的字形呈现为（EPF22064）、（EPF22001）、（EPF22023），从中可以看出，书写速度的加快造成了笔画改变的过程。

（二十二）火—土

构件“火”的撇画和捺画，由于书写速度的加快，逐渐合并为一个横画，使字形与“土”相同，如：（熘，EPT52207）、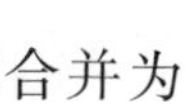（燒，EPF16041），左侧构件“火”的撇画书写完毕后，直接将收笔处作为捺画的起笔，导致笔画的连写，与“土”混同，如：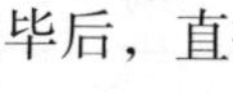（燔，EPT50134）。

（二十三）耴—取

耴：篆体作，《说文·耳部》：“，耳垂也。从耳下垂，象形。”新简中构件从“耴”的字有“輒”，构件“耴”右侧的线条收笔时向外弯曲，

被改写为笔画时，写为两笔“く”，如：（輒，EPT59160），又写为“又”形（輒，EPF22154），构件“耴”与“取”混同。

（二十四）疒—广

疒：篆体作。《说文·疒部》：“倚也。人有疾病，象倚箸之形。”

广：篆体作，《说文》：“因广为屋，象对剌高屋之形。”

新简中构件从“疒”的字形有从“广”的写法，统计如下：

从“疒”、从“广”字形比例表

例字	篆体	所从构件	字形	字数	百分比
疾		疒	（EPT40038）	4	57.1%
		广	（EPF22713）	3	42.9%
痛		疒	（EPT51201）	2	22.2%
		广	（ESC080）	5	55.6%
病		疒	（EPT52281）	27	41.5%
		广	（EPT52063）	12	18.5%
瘦		广	（EPF22024）	2	100%

从上表的数据可以发现，新简中，构件从“疒”之字改为从“广”的比例较多，“病”字共计出现65例，其中从“疒”的字形占41.5%，从“广”的字形占18.5%。新简中从“广”的字形有“庭、厨、广、序、厩、库、廉、庞、庶、庾、庐”等18个，无一例有从“疒”的形体。

在这种混同的影响下，一些形体相似的构件也采用同样的方式进行简化，例如“藏”“臧”，在新简中都有左侧构件有点画和无点画两种写法，（藏，EPT52011）、（藏，EPF22200）；（臧，EPT48132）、

（臧，EPS4T2050）。臧，《说文 · 臣部》释义为“善也，从臣，戕声”。戕，《说文 · 戈部》：“抢也。他国臣来弑君曰戕。从戈，爿声。”作为一个完整的字形书写，“爿”的竖画与左侧笔画本不能拆分，但作为构件时，受趋简的影响，“爿”左侧的笔画减省，剩下的竖画与右侧构件“戈”的横画组成“厂”形，“臧”变为“臧”，由“臧”参构的“藏”也变为“蔵”。同时也说明，新简中的字形偏旁没有固定，快速书写在当时是决定字形变化的一个重要因素，有的字形已完全不考虑构件能否参与构义，在书写便捷的支配下对构件作了较大的改造。

（二十五）鬥—門

鬥：篆体作，《说文 · 鬥部》：“鬥，两士相对，兵杖在后，象鬥之形。”象两个人举拳搏斗之形。甲骨文字形作（鬥，合 · 152 正）。

門：篆体作，《说文 · 门部》：“門，闻也。从二户，象形。”象两户对开门扇之形。甲骨文作（門，合 · 12814），金文作（門，颂鼎）。

古文字时期，二字形体全部各象其形，不会发生混淆。今文字时期，随着篆体字形线条的拉直，字形变方，在新简中，二字形体混同，皆为“門”形。例如：（鬬，EPT68022）、（門，EPT40008），“鬬”的构件写为“門”。

（二十六）昜—易

“昜”与“易”本身形体相近，在新简文字中，作为构件时常发生混同。构件从“昜”的字形“楊”在新简中呈现为（楊，EPT53107），“湯”呈现为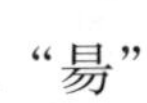（湯，EPT52170），右侧构件为“易”。“賜”呈现为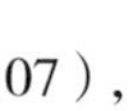（賜，EPT68018），右侧构件为“昜”，“昜”与“易”在新简文字中双向混同。

（二十七）水—小

“水”作为构件位于整字下端时，变形为“小”，如“泉”在新简中呈现为（泉，EPT02019），“流”呈现为（流，EPF22322），构件“水”与“小”混同。

（二十八）戈—弋

貸：篆体作，《说文·貝部》：“施也。从貝，代声。”新简中呈现为（貸，EPT56008）、（貸，EPT59008），第二种字形“代”的右侧写为“戈”，“弋”与“戈”混同。

（二十九）火—木

“火”与“木”的混同现象发生在由“火”参构的“深”字形体中，深：（深，石鼓188）、（深，中山王壶）、（深，睡·杂15）、（深，马·老甲46）。

由以上“深”字的不同历史时期的字形可以看出，构件“罙”最早的形体从“火”，“罙字从火在穴中会意”[①]，到“中山王壶”中“罙”的线条出现减省，形体已与“木”非常相近，随着笔画对线条的不断改造，最终这种写法被改写为“木”，到古隶阶段已经出现从“木”的字形。也就是说，“罙”的构件“火”在发展过程中演变为“木”，并且一直保留在现代汉字中。新简中“深”字呈现为（深，EPT58037），构件写为“木”形。

（三十）禾—木

萩：《说文·艸部》：“从艸，秋声。”在新简中呈现为（萩，EPT59112），构件“秋”的左侧为“禾”，另一字形呈现为（萩，EPT05088），构件“禾”与“木”混同。

（三十一）犬—大

新简中“犬”呈现为（犬，EPT51576），从笔道的走向和笔墨的浓

① 赵平安：《释“罙”》，《考古》，1992年第10期。

淡变化，可以推断，“犬”字在书写时，右上点画单独书写，横画的书写方向是自右向左，例如：（就，EPF22082）。两个笔画位置接近，在书写快捷时，点画和横画逐渐连为一笔，呈弧线，例如：（就，EPF22023）、（伏，EPT50006），随着笔画的不断成熟，逆向书写逐渐被取消，“犬”的弧线笔画被拉直，与“大”混同。（伏，EPT51054）、（就，ESC081）。

（三十二）木—大

樊：篆体作，《说文·𠬞部》：“鷙不行也。从𠬞，从棥，棥亦声。”构件“𠬞”隶变后写作“六”形，如：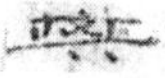（樊，EPT52005），之后与“大”混同，如：（樊，EPT49091）。“大”与“木”混同，使“樊”字呈现为（樊，ESC076）。新简中“奈”呈现为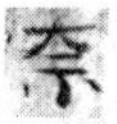（柰，EPF16051）、（柰，EPT44004），“‘奈’是‘柰’的书写变体，‘奈’所从‘大’是由‘木’变来的”①，构件“木”与“大”混同。

（三十三）火—大

“秋”在新简中呈现为（秋，EPT53192），右侧构件“火”由于书写原因，将点画写为横画，字形与“大”混同。

（三十四）爻—文

樊：篆体作，上部构件中间为“爻”形，新简中呈现为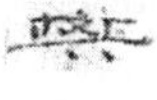（樊，EPT52005），“爻”写为“文”，二者混同。“殺”在新简中呈现为（殺，

① 王贵元：《马王堆帛书汉字构形系统研究》，广西教育出版社，1999年，第82页。

EPF22047）、（殺，EPT59110），第二种字形左侧构件上端的“乂”形写为“文”，二者混同。

（三十五）立—文

部：篆体作，《说文·邑部》：“部，天水狄部。从邑，音声。”新简中“部”呈现为（部，EPT56265）、（部，EPF22825），第一种字形左侧构件为“音”，第二种字形左侧构件上部写为“文”，与“音”中的“立”混同。

（三十六）啇—商

適：篆体作，《说文·辵部》：“適，之也。从辵，啻声。”新简中呈现为（適，EPT68038）、（適，EPT26014），构件写为“啇”“商”两种形体，二者混同。

（三十七）离—萬

新简中“離”可辨的共计5例，其中（離，EPT51032），左侧构件为“萬”，上部可见“艹”形；字形（離，EPT51123），左侧构件与草体“萬”相同，草体“萬”呈现为（萬，EPT20013），因此，此字形当为“離”。另一个字形呈现为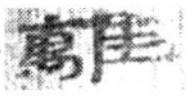（離，EPT53040），左侧构件下端已经写为“禺”，上端仍保留“离”的笔画组合“亠”。

（三十八）刃—刅

梁：篆体作，《说文·木部》：“梁，水桥也。从木，从水，刅声。”新简中“梁”呈现为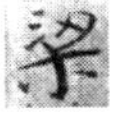（梁，EPF22505），构件“刅”的右侧点画省略，形体与“刃”混同。新简中“刃”呈现为（刃，EPT52555），与“梁”中的形体无别。

（三十九）刀—刃

絜：篆体作，《说文·糸部》：“絜，麻一耑也。从糸，㓞声。”新简中“絜”呈现为（絜，EPF22154），构件“㓞”中的“刀”写为“刃”。

（四十）力—刀

新简中“劫”呈现为（劫，EPF22546），“劾”呈现为（劾，EPF22685），两个字形的右侧构件均为“力”，在新简中均与“刀”混同。

（四十一）成—戊、戌

“成”字做构件时，左侧笔画“𠃌”的写法不固定，使“成”的字形与“戊”“戌”混同。新简中“誠”呈现为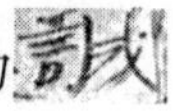（誠，EPT20031）、（誠，EPT48115），第二种字形中的“成”写为“戊”。“盛”呈现为（盛，EPT20004）、（盛，EPT68022），第二种字形的“成”左侧笔画变为一个横画，使字形与“戌”混同。

（四十二）回—西、四

稟：篆体作，《说文》：“稟，赐谷也。从㐭，从禾。”《说文·㐭部》中“㐭，穀所振入”，就是存放粮食的仓库。稟中的“回”是一个粮库象形的构件。

西：篆体作，表示太阳落到西方，鸟在巢上，用作表示方向的西。新简中的“西”中间的笔画为两个竖画：（西，EPT59067）、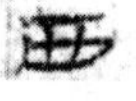（西，EPF22070）。“稟”的字形将构件“回”与“西”混同，呈现为（稟，EPT53124）。“稟”还有部分字形将“回”写为“四”，呈现为（稟，EPT50022），是构件“回”与“四”混同。

（四十三）方—万、力

“方”的右侧弯画起笔如果与横画相切，字形变为“万”，新简中“旁”有三种字形，从“方”（旁，EPF22069）；从“万”（旁，EPT57008）；从“力”（旁，EPT52434），由于书写造成“方”与“万”、“力”的混同。

（四十四）交—友、女

新简中“友”呈现为（友，EPF22436），右侧笔画为横撇和斜捺。新简中“女”呈现为（女，EPT65454），撇画和弯画均与横画相交。“交”作为整字构件时，字形与“友”混同，如：（茭，EPT52546）、（校，EPF22388），在以上两个字形中，“交”的右侧笔画写为横撇。“交”作为构件时的形体有时与“女”混同，如：（茭，EPT56107），撇画和弯画的起笔均在横画之上，写为“女”形。

（四十五）夏（复）—夏

“夏”：篆体作，《说文·夊部》：“行故道也。从夊，畐省声。”《集韻·屋韻》：“夏，《说文》：‘行故道也。’隶作复。”新简中“腹”呈现为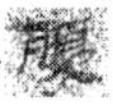（腹，EPT48074），构件从“夏”。“復”有两种字形（復，EPF22062）、（復，EPT57057），第一种字形构件从“复”，起笔“”；第二种字形起笔为横画，在横画下端有短撇画，字形为“夏”。

（四十六）支（攴）—支

豉：《说文·尗部》：“枝，配盐幽尗也。从尗，支声。”“豉”的声符为“支”，“攴”是“支”的异写字形，新简中“豉”的字形为（豉，EPW078），“支”与“攴”混同。

（四十七）木—牛—手

新简中“木”“牛”“手”单独书写时分别呈现为（木，EPF22048）、（牛，EPF22008）、（手，EPT65458），“木”的末笔为撇画和捺画组合，“牛”的下端为长横画，“手”多为竖弯笔画，或者横画为三横，三个字形各自不同，不易混淆。当作为构件时，“木”的竖画为与撇画连接，收笔时向左弯曲，撇画为与捺画更快连接，合并为提画，“木”呈现为“扌”形，如：（格，EPT20030）。“牛”作为构件时，竖画变为竖撇，末笔横画呈向右上斜出之势，与提画接近，如：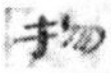（物，EPT51088）。“手”作为构件呈现为（推，EPF22151），“木”“牛”“手”在作为构件时，形体混同。

（四十八）虍—丙—雨

丙：篆体作，新简中的字形为：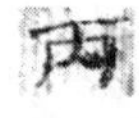（丙，EPT07009）、（丙，EPF22369）、（丙，EPT59045），“丙”的撇画和捺画由于快速书写逐渐形成笔画撇画和横画连写，随着撇画的纵向拉直，“丙”的字形变为“丙”形，“虍”“雨”在演化过程中均产生形体“襾”“丙”，例如：｛虜，ES（T119）.2｝、（虜，EPT08015）、（露，EPT58032）、（霸，EPT52176），“虍”“丙”“雨”三者相互混同。

（四十九）日、甘—目

“日”在新简中呈现为（日，EPT44027），“目”呈现为（目，EPT51411），两个字形均为扁方结构，“日”的中间为一个横画，“目”字中间为两个横画。新简中“是”呈现为（是，EPF22727）、（是，

EPF22030），构件“日”“目”混同。

新简中“甘”字形为（甘，EPT53064），与“曰”“日”的字形相近，不易区分。“曰”“日”与“目”字形相近，因此，“甘”在参构其他字形时，出现与“目”的混同现象，例如：新简中“脂”的字形为（脂，EPT04044），“詣”的字形为（詣，EPT08005），“嘗”的字形为（嘗，EPT59058），构件“旨”中的“甘”写为“目”。

（五十）亠—䒑

新简中的“稾”有一类字形写作“稾”，如：（稾，EPT04044）、（稾，EPT65064），除将构件“回”与“西”混同外，“稾”将表示粮库屋顶遮盖物的笔画组合体“亠”与“艸”的草体字形“䒑”混同。

（五十一）衣—心

衣：篆体作，《说文・衣部》：“依也。上曰衣，下曰裳。象覆二人之形。”甲骨文字形为（衣，合・20611），金文为（衣，此鼎），古隶（衣，睡・日乙23），新简中呈现为（衣，EPT59019），东汉碑刻字形呈现为（衣，杨着碑）。

心：篆体作，《说文・心部》：“人心，土藏，在身之中。”金文字形为（心，秦公钟），古隶作（心，马・老甲24）。新简中呈现为（心，EPT44004），东汉碑刻字形呈现为（心，肥致碑）。

“衣”的下半部分笔画组合体“𧘇”和“心”的字形在古隶时期基本一致。到今文字时期，“心”字作为整字的构件时，形体为满足整字结构平衡的需要产生变异，位于左侧时写为“忄”，如：（慎，EPF22506）、（快，EPT48115）；位于整字下部时写为“心”，如：（忠，EPT50009）、（應，EPF22030）。“衣”字作为构件时，也会由于整字结构平衡美观的要求而变形，在左侧时写为“衤”，如：（褕，EPT56086）、（袍，EPT59374）；在下部时写为“衣”，如：（袭，EPT56069）；当被拆分为两部分，分别位于整字上下两端时，下部“𧘇”写为“𧘇”形，如：（衰，EPT59015）、（，EPF22153）。新简的“讓”字，“𧘇”写为“心”形，如：（讓，EPT68018）、（讓，EPT68019），这是由于隶体在对篆体线条改写时，按照曲线拉直、拆分重组的方法，将“𧘇”中右侧的曲线拆分为两笔，写为两个点画，形体与“心”混同。“𧘇”不属于成字构件，是汉字常用笔画组合体，在此一并列入混同现象分析。

（五十二）頁—首

新简中“頓”的部分字形呈现为（頓，EPT65026），构件“頁”写为“首”，二者混同。

（五十三）巨—户

新简中“渠”的八分隶字形呈现为（渠，EPT51031），右上角构件为“巨”，有的字形中“巨”的下端横画省写，字形变为“户”，如：（渠，EPT56043）。

（五十四）貝—目

“瞿”在新简中呈现为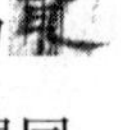（瞿，EPT06027），声符“賏”由两个“貝”构成，在字形中与“目”混同，构件“賏”呈现为“䀠”。

（五十五）牛—干

新简中“牛”的字形有多种写法，如：（牛，EPT52003）、（牛，EPT52394）、（牛，EPT53188），竖画与其他笔画的组合方式均为相交。“件”在新简中呈现为（件，EPT40006），右侧构件起笔为横画，竖画与之相切，与“干”混同。

综上所述，新简中混同的构件共计55组，分别为：

鱼—角	來—夹	九—丸	幵—丼	矦—焦
片—斤	瓦—耳	叚—段	反—攵	—嬰
匕—止	亻—彳	彳—彡	彳—氵	止—艸
竹—艸	廿—艸	匕—艸	—土	木—土
大—土	火—土	耴—取	疒—广	鬥—門
昜—易	水—小	戈—弋	火—木	禾—木
犬—大	木—大	火—大	爻—文	立—文
啇—商	离—萬	刅—办	刀—刃	力—刀
成—戊、戌	回—西、四	方—万、力	交—友、女	夐（复）—夏
攴（攵）—支	木—牛—手	虍—丙—雨	日、甘—目	亠—丷
衣—心	頁—首	巨—户	具—目	牛—干

第四节　继承古体

一、与甲骨文相同

（一）子

子：甲骨文作（合·38004）、（合·3410）。《说文·子

部》："，古文子，从巛，象发也。，籀文子，囟有发，臂胫在几上也。"《说文》小篆继承甲骨文字形作。新简中的"子"有一例为（子，ESC17），虽然整字是反书，但上部的短横笔画应当是表示头发之义，源于甲骨文的字形。另一例为（子，EPT43113），与《说文》篆体同形，都是源于甲骨文的字形。

（二）習

習：甲骨文作（習，合·31669），从"羽"从"日"。篆文字形中"日"变为"白"。《说文·習部》："習，数飞也。从羽，从白。凡羽之属皆从羽。"古隶字形从"目"，作（習，睡·为40）。而新简作（習，EPT44004），从"日"，和甲骨文形体一致。

二、与金文相同

（一）曾

曾：篆体作，《说文·八部》："词之舒也。从八，从曰，⿴声。昨棱切。"甲骨文作（曾，合·16061），金文作（曾，曾伯簠），新简中字形为（曾，EPT59238）、（曾，EPT59238），上部从"田"字形，是继承了甲骨文的字形。由"曾"参与构义的其他字形，"曾"也一并采用这样的写法，例如：（會，EPT50200）、（增，EPF22224）。

（二）旦

旦：篆体作，新简中的"旦"字呈现为（旦，EPT08013）、（旦，EPT51273），"日""一"的中间有一竖画，笔形不固定，在东汉碑刻文字中的字形为：（旦，延平元年刻石）、（旦，肥致碑）。

追溯古文字形体可知，早在周代金文中“旦”字就有上下两个部件相连的形体，如（旦，颂鼎）、（旦，訇簋）。在汉字发展过程中经过线条化和笔画化的改造，下部的圆点变成长横，上下相连的部分变成短竖，于是出现了新简中（旦，EPT43099）、（旦，EPT08013）这样的形体。类似的形体在同时代的其他汉简，如武威汉简中也有存在。

“旦”在作为其他字形构件的时候，仍保留这一笔画：（暨，建宁三年残碑）、（暨，赵宽碑）。无论“日”与“一”中间的这个笔画是反写还是缩写的“丁”的笔画，都与《说文》小篆的写法不同，这也是保留早期字形的一个字例。

三、与古隶相同

（一）臘

臘：《说文・肉部》：“冬至后三戌，腊祭百神。从肉，巤声。”《说文》篆体作，古隶作（臘，老子乙226下），古隶中右侧构件“巤”的下部改写为“夕”形。巤，《说文・囟部》：“毛巤也。象发在囟上及毛发巤巤之形。”古隶将“巤”改为“夕”形是基于笔画合并，曲线拉直基础上的简化构件，新简中的字形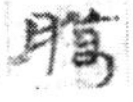（臘，EPF22211）采用与古隶相同的写法。

（二）刺

刺：篆体作，《说文・刀部》：“刺，君杀大夫曰刺。刺，直伤也。从刀，从朿，朿亦声。”“朿”在古隶字形中为（刺，睡・日甲35背），横

画下面左右两个笔画写为两个点画，在新简中呈现为（刺，EPT50200），采用与古隶相同的写法，东汉碑刻字形与新简相同：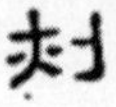（刺，赵宽碑）。

（三）往

往：篆体作，《说文 · 彳部》："之也。从彳，㞷声。"假如按照篆体的写法，将篆体曲笔拉直，"往"应该写为"徃"，但新简中的"往"字，右边构件的横画皆为三画：（往，EPT51628）、（往，EPF22502）。这种写法不是随意删减笔画的异写，追溯古文字字形，"往"从"㞷"，"㞷"，篆体作，《说文 · 之部》："草木妄生也。从之在土上。读若皇。""土"，在甲骨文中呈现为（土，合 · 28195），在金文、秦简中也保留这样的写法，例如：

往：（睡 · 日乙 150）；

汪：（汪伯卣）、（秦印 · 218）；

狂：（孟皇父鼎）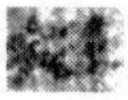（睡 · 日甲 47 背）。

（四）家

家：篆体作，《说文》："家，居也。从宀，豭省聲。，古文家。"《说文》中的古文隶定为"家"，新简中呈现为（家，EPF22284），与之相同，东汉碑刻字形为（家，衛方碑）。

（五）保

保：《说文》释为"养也"。古文字字形象一个人将孩子背在背上之形。各时期字形如下：

例字	甲骨文	金文	篆体	隶体1	隶体2	东汉碑刻
保	 （合・43）	 （邾公华钟）		 （EPT40206）	 （EPT59113）	 （熹平《尚书》）

金文字形中的一种写法是在“子”的下面增加一个撇画状的线条，表示人的手背过去搂着孩子。另一种写法为两侧均加笔画的“保”字，篆体和隶体沿袭这样的写法。新简中的字形，没有沿袭隶体的字形，而是返回金文字形，将金文字形笔画化，因此整字的右下部分构件写为“才”形，整字变为“伢”。

第四章 居延新简整字研究

整字研究以独立字形为单位，通过分析单字构成成分的变化情况，研究笔画、构件和整字之间的关系和影响。主要包括由构件变换产生的异构字形、由书写和演化产生的异写字形、构件位置变化产生的异位字形等现象。此外，居延新简文字中的形体混同字、与现代简化字同形字，以及合文等将在本章一并说明。

第一节 异构字

一、异构字类型

（一）构件减省

新简中由于整字构件的减省产生的异构字，按照构件的不同可分为意符减省、声符减省以及意符、声符均减省三种类型。

1. 意符减省

新简中意符减省的字形共22例，分别如下：

（1）廬—盧

廬:《说文 · 广部》:“寄也。秋冬去，春夏居。从广，盧声。”居延新简编号为（EPT52128）的简文如下:“卅井第二廬吏南阳杜衍钟耐”，从文意判断，“廬吏”应为看守廬舍的人员，其中“廬”的字形为（廬，EPT52128），省略了意符“广”。

（2）䜌—隧、隧

新简中“䜌”呈现为四种不同的形体，其中（䜌，EPT58023）省略了意符“𨸏𨸏”右半部分“𨸏”，在此基础上继续省略构件“火”，形成字形（䜌，EPT52082）。

（3）罷—罒

罷：《说文·网部》：“从网，从能，言有贤能而入网，而贯遣之。”新简中有一个字形呈现为（罷，EPT02002），省略意符“能”的一部分。《宋元以来俗字谱·网部》[①]有“罷”的异体字形“罡”，与“罒”相同，均为意符的减省。

（4）臧—戕

臧：《说文·臣部》：“善也，从臣，戕声。”字形省略了意符“臣”，变为“戕”：（臧，EPT59081）、（臧，EPT59335）。

（5）髡—髨

髡：《说文·髟部》：“鬄髮也。从髟，兀声。髨，或从元。”构件“髟”，从“长”，从“彡”，表示人的毛发长。新简中呈现为（髡，EPS4T2025），将“髟”的构件“彡”减省，并将字形改为左右结构布局。

（6）髲—镺

髲：《说文·髟部》：“鬄也。从髟，皮声。”新简中呈现为（髲，EPT53265），与“髡”相同，将表意构件中的“彡”省略，整字变为左右结构。

（7）塵—塵

塵：篆体作，《说文·麤部》：“麤，鹿行扬土也。从麤，从土。”新简

① 异体字字典数据库http://dict2.variants.moe.edu.tw/variants/。

中呈现为（，EPT06009），意符“麤”减省为“鹿”。

（8）曟—晨

曟：篆体作，《说文 · 晶部》：“曟，房星，为民田时者。从晶，辰声。”新简中呈现为（曟，EPF16042），意符“晶”减省为“日”。

（9）厵—原

厵：篆体作，《说文 · 泉部》：“水泉夲也。从灥出厂下。”新简中呈现为（厵，EPT68211），构件“灥”减省为“泉”，其中的“水”变形为“小”，整字变形为“原”。

（10）蝨—蚤

蝨：篆体作，《说文 · 蚰部》：“齧人跳蟲。从蚰，声叉。”新简中呈现为（蝨，EPT59257），意符减省为“虫”，声符异写为“又”形。

（11）蠹—蜚

蠹：篆体作，《说文 · 蟲部》：“臭蟲，负蠜也。从蟲，非声。”新简中呈现为（蠹，ESC091），意符减省为“虫”。

（12）蝱—虻

蝱：篆体作，《说文 · 蚰部》：“齧人飞蟲。从蚰，亡声。”新简中呈现为（蝱，EPF22178），意符减省为“虫”。

（13）蘭—闌

蘭：篆体作，《说文 · 艸部》：“蘭，香草也。从艸，闌声。”新简中一例字形呈现为（蘭，EPS4T2027），意符“艸”减省。

（14）雧—集

雧：篆体作，《说文 · 雥部》：“雧，群鸟在木上也。从雥，从木。集，雧或省。”意符“雥”“木”会意。新简中呈现为（雧，EPT59163），意符“雥”减省为“隹”。

（15）䨥—霍

䨥：篆体作，《说文·雔部》：“䨥，飞声也。雨而双飞者，其声䨥然。”新简中呈现为（䨥，EPT51654），意符“雔”减省为“隹”。

（16）柰—示

新简编号为（EPT65330）B面的简文内容为“教憂光又隧□□□□□□時相見者當為奈何長仲”，其中“奈”本字当为“柰”，“柰”字构件从“木”，“示”为声符。新简字形呈现为（柰，EPT65330），省略意符。

（17）穅—康

穅：篆体作，《说文·禾部》：“穅，穀皮也。从禾，从米，庚声。”新简中呈现为（穅，EPT58084），意符“禾”减省。

（18）裘—求

裘：篆体作，《说文·裘部》：“裘，皮衣也。从衣，求声。一曰象形，与衰同意。”新简中呈现为（裘，EPT59113），减省意符“衣”。

（19）灋—法

灋：篆体作，《说文·廌部》：“灋，刑也。平之如水。从水。廌，所以觸。不直者去之，从去。”新简中呈现为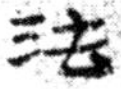（灋，EPF22039），减省意符“廌”。

（20）䗬—蓬

䗬：篆体作，《说文·火部》：“燧候表也，边有警则举火。从火，逢声。”新简中呈现为（䗬，EPT50134）。另一种字形（䗬，

EPT50141），将声符“逢”换用为“蓬”，减省意符“火”。

（21）㳅—流

㳅：篆体作，《说文·林部》：“㳅，水行也。从林、㐬。㐬，突忽也。”新简中呈现为（㳅，EPF22322），意符“林”减省为“水”。

（22）雲—云

雲：篆体作，《说文·雲部》：“雲，山川气也。从雨，云象雲回转形。凡雲之属皆从雲。云，古文。省雨。”新简中呈现为（雲，EPF22519），意符“雨”减省。

2．声符减省

新简中声符减省的字形共7例，分别如下：

（1）潁—烦

潁：篆体作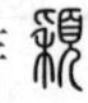，《说文·水部》：“潁，水出颍川阳城乾山，东入淮。从水，顷声。”新简中呈现为（潁，EPF22003），声符“顷”减省为“頁”。

（2）礳—磨

礳：篆体作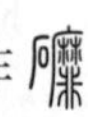，《说文·石部》：“石磑也。从石，靡声。”靡，篆体作，《说文·非部》：“靡，披靡也。从非，麻声。”新简中“礳”呈现为（礳，EPS4T2128），声符“靡”减省为“麻”，构件“石”位移至整字下端，字形由左右结构变为上下结构的“磨”。

（3）匿—�

匿：篆体作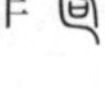，《说文·匸部》：“亡也，从匸，若声。”声符为“若”。若由构件“艹”“右”构成，新简中呈现为（匿，EPF22043），将声符“若”的构件“艹”省略。

（4）薑—蕫

薑：意符为“艹”，声符为“畺”。新简中呈现为（薑，EPT09007），声符“畺”省略“弓”，字形变为“蕫”。

（5）鐵—銕

鐵：《说文・金部》：“黑金也。从金，𢧜声。”新简中呈现为｛鐵，ES（T119）.1｝，声符上部的构件省略，与《说文》重文“”同形。

（6）纍—累

“纍”的字形从“糸”，声符为“畾”。新简中呈现为（纍，EPT17003），声符将三个形体相同的成分“畾”减省为一个“田”。

（7）爑—焦

爑：篆体作，《说文・火部》：“爑，火所伤也。从火，雥声。”新简中呈现为（爑，EPF22189），声符减省为“隹”，意符“火”变形为“灬”，整字写为“焦”。

3．意符、声符减省

新简中意符、声符减省出现2例，分别如下：

（1）攝—聑

攝：《说文・手部》：“引持也。从手，聶声。”新简中“居攝”表示新莽年号，“攝”常写为“聑”。“聑”：《说文・耳部》：“安也。从二耳。”在新简中呈现为（聑，EPT07010）。“攝”写为“聑”，省略了意符“手”及声符“聶”上部构件“耳”。

（2）𨽿—隊、隊

𨽿：《说文・火部》：“塞上亭守𤏡火者，从𨸏，从火，遂声。”声符为“遂”。新简中呈现为（𨽿，EPT26008），将声符中的“辶”减省，同时

省略意符“火”“阝”。再省略意符“火”，呈现为（隧，EPF22461）。

（二）构件增加

新简中出现构件增加的字形共计6例，分别如下：

1. 痛—㥬、𤸷

痛：篆体作，《说文·疒部》：“病也，从疒，甬声。”新简中字形为（痛，EPT51201）。另一种字形增加构件“心”，呈现为（痛，EPT51102）、（痛，EPT59010）。“心”参与整字构义，强化表意。

2. 愈—㒓

居延新简中编号为（EPF22280）的简文为：“病泄注不㒓乙酉加伤寒头通潘懑四节不举有书”，编号为（EPT59269）的简文为：“头𤸷寒热饮药五齐不㒓戎掾言候官请”。根据文义可知，这两支简中的“㒓”都表示病愈之义，《说文》中表示病愈之义的字形为“愈”，生病一般是人类行为的指称，所以简中的字形（愈，EPF22280），在左侧加上表示人的构件“亻”，增强表意。

3. 驗—䮗

驗：篆体作，《说文·马部》：“驗，马名。从马，佥声。”声符“佥”：《说文·亼部》：“皆也。从亼，从吅，从从。”吅：《说文·吅部》：“驚嘑也，从二口。”新简中的“驗”有三种写法，一种从“马”、从“佥”，如：（驗，EPT59008），有时将“从”写为四个点画：（驗，EPF22230）。第二种为省略构件“从”，增加构件“口”：（驗，EPF22021）。第三种为增加构件“口”，如（驗，EPT52021），后两种字形都属于增加了一个表意的构件。

4．檢—檢

檢：篆体作，《说文·木部》："書署也。从木，僉声。"与上文"驗"字相同，新简中的"檢"呈现为（檢，EPF22582），在原字形基础上增加一个表意构件"口"，隶定为"檢"。

5．煙—熛

煙：篆体作，《说文·火部》："火气也。从火，垔声。"新简中的字形呈现为（煙，EPF16005），在整字右下方增加构件"灬"，根据字义，"灬"应当为"火"的变体，增强"煙"字表示火燃烧发出的气体之意。

6．匧—篋

匧：篆体作，《说文·匚部》："匧，藏也。从匚，夾声。篋，匧或从竹。"新简中呈现为（匧，EPT52421），在整字上端增加意符"竹"。

（三）构件替换

1．䠶—射

射：篆体作、，《说文·矢部》："弓弩发于身而中于远也。从矢，从身。，篆文䠶。从寸。寸，法度也，亦手也。"甲骨文"射"的字形呈现为（䠶，合·10693），象箭在弓上，张弓射箭之形。金文字形加入"手"形：（射，静簋），石鼓文作（射，石鼓·146），将构件"弓"的曲线加强，字形讹变为"身"，右侧的构件"手"变为"寸"。"寸"的字义本身与"手"相关，形体相近，"䠶"写为"射"。"由于射为'六艺'之一，含有一定的法度规矩，故改为'寸'作。"[①]因此《说文》对""字形的解释是从一个新的角度进行合乎理据的诠释。到隶体字形时期，"射"从

---

① 王宁：《汉字构形学导论》，商务印书馆，2015年，第185页。

“矢”的字形“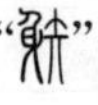”已经逐渐被从“寸”的“”替代，新简中25例清晰可识的“射”字，形体全部从“寸”，如：（射，EPT52783），东汉碑刻的字形也全部从“寸”。

2. 罪—辠

新简中“罪”呈现为（罪，EPF22021），只有一例为（辠，EPT51652）。汉字中表示犯罪之义的“罪”本为“辠”，到秦代，统治者认为“辠”字形与表示皇帝之义的“皇”近似，于是用本义为“捕鱼之网”的“罪”取代了“辠”，裘锡圭先生在《文字学概要》中已有详细论述，此不赘言。我们将其放入构件替换强调的是，秦代的统治者将本表示“捕鱼之网”的“罪”的构件“网”解释为抓捕罪犯的法网，“非”解释为做了非法之事的罪人，这是对“罪”字构形替换之后的合理解释。

3. 器—噐

器，篆体作，《说文・㗊部》：“器，皿也，象器之口，犬所以守之。”表示犬守卫器皿之形。自古隶时期“器”字逐渐将“犬”改换为“工”，如：（器，马・老甲41），新简中完全替代为构件“工”的字形呈现为（器，EPT59001）。“工”有工匠、工人的含义，古代工匠劳动所使用的工具可以称为“器”，俗语“工欲善其事必先利其器”，也证明了这一点。因此，用构件“工”代替“犬”，表示工匠守卫器皿之义，也是符合理据的，是一种合理的构件替换。

4. 罰—罸

罰，《说文・刀部》：“罪之小者。从刀，从詈。未以刀有所贼，但持刀骂詈，则应罰。”左下方构件为“言”，右侧构件为“刀”的变体“刂”。新简中字形将构件“刂”改换为“寸”，字形呈现为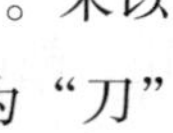（罰，EPF22041）。“寸”本义为一种度量单位，引申出法度之义，同样能参与“罰”的构义。

5．條、脩—條、脩

亻：篆体作，即“人”作为构件时的变体。

行：篆体作，《说文·行部》：“行，人之步趋也。从彳，从亍。”构件由“行”组成的汉字，可以减省为从“彳”或从“亍”。

居延新简和东汉碑刻中的“條”“脩”二字都有两个字形，一个从“亻”，一个从“彳”，字形见下表：

例字	居延新简		东汉碑刻	
	构件从“亻”	构件从“彳”	构件从“亻”	构件从“彳”
條	（ESC004）	（EPT56077）	（沛相杨统碑）	（赵宽碑）
脩	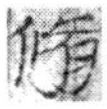（EPT20004）	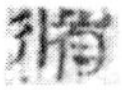（EPT56284）	（冀州从事冯君碑）	（芗他君石祠堂石柱）

“條”，《说文》释为“條，小枝也。从木，攸声”，“脩”，《说文》释为“脩，脯也，从肉，攸声”。“攸”是“條”“脩”的声符。《说文》中对“攸”的释义为“攸，行水也，从攴，从人，水省”。表示在水中行走。构件“攴”表示动作的发出者，构件“氵”（简写为一竖画）强调行走的地点，隶体字形中将构件“亻”更换为“彳”，显然不是使用表示人的胫骨义的“彳”，应当是要强调整个字形“攸”的行走之义，是“行”的省体“彳”，替换构件后对字形进行合理的解释。

6．稷—禝

稷，构件从“禾”，声符为“畟”，新简中“稷”共计7例，有4例字形呈现为（稷，EPF22156）。左侧构件受上文“社”字构件“礻”影响，变为“礻”，字形变为“禝”。

7．氂—氂

氂，篆体作，《说文·犛部》：“氂，彊曲毛。可以箸起衣。从犛省，

来声。”新简中“藜”呈现为{藜,ES(T119).3}，构件“漦”中的“未”受声符“来”的影响，变形为“来”，整字呈现为“藜”。

二、异构字产生原因

新简中异构字的产生原因主要有以下几点：

（一）整字构件数量的变化

整字构件数量的增加或减少是形成异构字的重要原因，也是导致字形呈现出变异形体的最直接的方式。新简字形中构件减省可分为意符的减省、声符的减省以及意符、声符均减省等不同类型，构件增加则多为增加意符。有的字形由于构件数量的变化，在新简中同时呈现出多个异体字形，最常见的例如：“䜁”的单个意符减省产生“隧”，两个意符减省产生“隧”；声符减省产生“隊”，再增加意符的减省产生“隊”。

（二）理据重构

王宁先生在讲述汉字构形学相关内容时指出：“理据重构并不是另外造字，而是在字形传承的过程中，由于语言意义的变化、文化因素的变化、字体风格的变化、书写习惯的变化等多种因素，使构件与构义的结合脱离了原来的状态，前面说过，作为表意文字的汉字培养了使用者对意义信息的追求，人们在理据不够清晰的情况下寻求新的理据解释，而这种新的解释有时又会带动构形的进一步变化。”[1]也就是说，理据重构是对发展变化了的汉字形体进行重新解释，在新的条件下实现形意统一，使汉字适应特定时代的文化背景和使用者对汉字的认知水平，是对汉字形意关系的重新定位。

（三）构件类化

构件类化指构件在演化过程中，受整字中其他构件形体的影响或受上下文其他字形的某个构件的影响，构件产生类同化形变的现象。例如：新简中的“稷”构件本从“禾”，受上文“社”的影响，左侧构件变形为“礻”，

---

① 王宁：《汉字构形学导论》，商务印书馆，2015年，第184页。

整字变为“褸”；“蔾”构件“犛”中的“未”受整字内部构件声符“来”的影响，变形为“来”，整字呈现为“蔾”。

第二节　异写字

一、异写字类型

异写字指“因书写、演化的不规则而形成的同一形体的不同变化形式”[①]。包含两种不同的现象，最常见的异写是指同一字形，由于不同书写者的认知水平、书写习惯不同，书写材料和书写工具的差异导致书写变异产生异写字形。第二种是汉字在演化过程中，在书写便捷和整字结构稳定的支配下产生的有规律的变化。新简中异写字形分为以下几类：

（一）笔画变异

1. 与篆体曲线形近

笔画在对篆体线条的改造过程中，对同一个线条采用不同的改造方式会产生不同的笔画，这些不同的笔画在同一个字形中的呈现产生异写字形。例如“于”的篆体作，末笔为曲线，新简中呈现为（于，EPT68023）、（于，EPT68037），第一种字形将篆体曲线拉伸，改造为竖左缓弯；第二种字形的末笔将篆体中的曲线改造为竖横折弯，保留了篆体线条弯曲走势，两个字形由于对篆体线条的不同改造而产生异写。东汉碑刻仍保留两种不同的字形（于，华山庙碑）、（于，夏承碑）。“就”，篆体作，新简中呈现为（就，EPF22030）、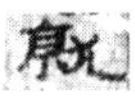（就，EPT49053），第二种字形

① 王贵元：《马王堆帛书汉字构形系统研究》，广西教育出版社，1999年，第15页。

右侧构件“犬”的末笔写为竖弯，与篆体曲线相似。“成”，篆体作，新简中呈现为（成，EPT44051）、（成，EPT53221），第二种字形的左侧写为横撇、撇，是对篆体字形中构件“丁”的转写。“九”，篆体作，新简中呈现为（九，EPT40005）、（九，EPT08022），第二种字形起笔为横折右弯，与篆体曲线相似，同时与左侧撇画一起拉伸了隶体的扁平结构。

2．与篆体曲线不同

笔画对篆体线条的改造分为两类，一类是按照篆体曲线的形状，改造为与之相似的笔画；另一类是打破篆体线条，重新进行拆分组合，在这个过程中，对同一个篆体线条的改造方式不同，会形成不同的笔画，因此产生异写。例如：“五”，篆体作，新简中呈现为（五，EPT51393），笔画与整字结构都与篆体字形非常接近。“五”的其他两种字形呈现为（五，EPT09007），将篆体中间斜线拉直；（五，EPT48004）将篆体斜线变为折笔。对同一篆体线条进行拉直或变形，形成异写字形。

“今”，篆体作，新简中呈现为（今，EPT58002），将篆体最后一个线条拆分为横画和竖画，重新组合。（今，EPT44005），将曲线拆分为撇画和点画，重新组合。（今，EPT56284），拆分重组后，连笔书写为横折左弯笔画。三种不同的改造方式形成了不同的异写字形。“奇”，篆体作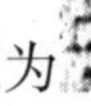，新简中呈现为（奇，EPT43269）、（奇，EPT59015），上端写为“立”“文”，属于对篆体线条不同方式的改造产生的异写。

3. 过渡笔画的多途探索

新简文字的笔画处于笔画系统形成初期，除横画、竖画等基础笔画定形外，过渡笔画的演进规律和成熟笔形仍在不断探索中。弯画在有的字形中呈现为弯画，在有的字形中又呈现为钩画，使用位置和笔形尚未完全固定，产生了大量的异写字形。如:“可”在新简中呈现为（可，EPT56008）、（可，EPF22156），“當”呈现为（當，EPT49030）、（當，EPT52165），“高”呈现为（高，EPT40007）、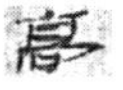（高，EPT58036），“官”呈现为（官，EPT51031）、（官，EPT50200），这些字形均有将弯画改换为钩画的字形，到笔画发展成熟之后，笔形固定，异写字形消失。

4. 笔画连断

笔画的连断是相对而言，同一时期的碑刻字形比手写字形更加规范，我们参考东汉碑刻文字的写法分析居延新简中的笔画连断变异。同时，连断必然引起整字笔画的增减，从整体字形来看，笔画的连断表现出的特征更加显著，因此我们在分析笔画连断的字形时暂不分析由此带来的笔画总数差异问题。

新简中“乎”呈现为（乎，EPF22564）、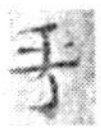（乎，EPT51203），东汉碑刻呈现为（乎，熹平《公羊传》），新简中第二种字形将竖撇断开，分为竖撇和竖钩两个笔画。新简中“凡”呈现为（凡，EPF22025）、（凡，EPT53038），第二种字形将横折弯钩断为横画、竖弯钩两个笔画。新简中“男”呈现为（男，EPT51698）、（男，EPF22151），

东汉碑刻呈现为（男，肥致碑），新简中的第二种字形将上下构件中的笔画连写。新简中“卌”呈现为（卌，EPT58037）、（卌，EPF22308），第二种字形将下端笔画连写为一个长横画。

5. 笔画共用

新简中有的字形上下结构会共同使用一个笔画，如“渠”，新简中呈现为（渠，EPT51191），“巨”的下端横画与“木”的横画共用，“氵”的第三笔与“木”共用。（渠，EPT51182），“巨”的左侧竖画与“木”的竖画共用。新简中“勞”呈现为（勞，EPF22242），上端两个“火”共用一个点画。

（二）笔画组合体变异

1. 受成字构件的影响

笔画组合体受形体相近的成字构件影响，变形为成字构件的字形。如：新简中“進”的异写字形呈现为（進，EPT26012），构件“隹”的部分笔画组合变形为“羊”，是受成字构件“羊”的影响。“斗”呈现为（斗，EPT58012），受隶体扁方字形的影响，左侧笔画改写为两个撇画，与构件“彳”的字形相近，异写字形（斗，EPT58011）在左侧上部增加撇画，变为接近“彳”形的笔画组合。

新简中“兼”呈现为（兼，EPT50019），整字下端本为两个“禾”的笔画，受构件“灬”的影响，将笔画断开，变形为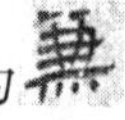（兼，EPF22065）。新简中“盾”呈现为（盾，EPT68185），上端的短竖画与起笔笔画相交，

异写字形为（盾，EPT20003），受“广”的影响，短竖变形为点画，与构件“厂”形成接近“广”形的笔画组合。

2．受笔画组合体的影响

笔画组合体的变异主要呈现在整字上端，相交的两个笔画拆分重新组合为“亠”，如（事，EPT59067）、（妻，EPT65413）、（惠，EPT53038）、（方，EPF22463）、（車，EPF22011）、（融，EPF22070）、（市，EPT49062），这些异写字形上端均写为“亠”，是受到笔画组合体“亠”的影响而趋同。另一种笔画组合体的变异是受到“丷”的影响，如：（增，EPF22224）、（增，EPT06004）、（酋，EPT59343）、（酋，EPF22223），整字上端构件的笔画形体写为向内的“丷”而产生异写字形。

（三）笔画组合关系变异

笔画组合关系按其结合形式可分为四类，包括相离、相交、相切、相接。新简文字由于笔画的组合关系发生变化产生异写字形，分为以下几类：

1．相离变相接

新简中“舌”呈现为（舌，EPT49009）、（舌，EPT08031），第二种字形起笔的撇画与横画位置由相离变为相接，产生异写字形。“橐”呈现为（橐，EPF22024）、（橐，EPT59363），第二种字形将下端构件“木”的横画与中间的笔画组合“冂”连接，变为“口”形，产生异写。

2．相接变相离

新简中“反”“石”的起笔和左侧的竖撇书写位置不定，新简中呈现为（反，EPF22281）、（石，EPT48024），两个笔画分离。

3．相接变相切

上文“反”“石”的字形，除了起笔笔画相离的字形外，还有相切的字形，如：（反，EPF22002）、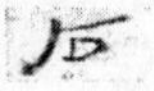（石，EPT51525）、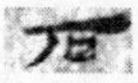（石，EPT59100），其中“石”的起笔横画与撇画相切时的位置不同，有的撇画高于横画，有的撇画位于横画下端。

4．相切变相交

新简中“君”呈现为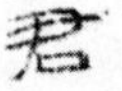（君，EPF22022）、（君，EPF22004），第二种字形中的撇画向上延伸，与横折笔画相交。

（四）笔画量差配合变异

笔画量差配合产生的异写，指相同笔画由于组合方式或相对位置的改变而产生不同的字形。如：新简中“人”的字形呈现为（人，EPT49064）、（人，EPT44002），两个字形均由撇画和捺画组成，笔画的组合位置不同产生异写。“士”呈现为（士，EPT52021）、（士，EPT59228），长横画和短横画的相对位置改变产生异写字形。“左”呈现为（左，EPF22649）、（左，EPT51012），构件“工”的竖画与上端横画相交，使得整字与（在，EPT49046）同形，是“左”的异写字形。

（五）相对位置改变

相对位置改变是指整字中笔画或笔画组合体的笔形不变，组合关系不变，书写位置改变。如：新简中“南”呈现为（南，EPT08015）、（南，EPT48006），第二种字形中间的笔画组合“丷”上移。“司”呈现为（司，EPT52104）、（司，EPT03010），第二种字形中的横画上移至整字上端，产生异写。

（六）笔画数量增减

1．增加点画

笔画的增减是产生异写字形的主要原因之一，新简中有许多增加点画的异写字形，如：“庚”，篆体作，新简中呈现为（庚，EPT52264）、（庚，EPT52115），“事”，篆体作，新简中呈现为（事，EPT51020）、（事，EPT53038）。“庚”与“事”增加点画的位置均位于整字的右下角，篆体字形中右下角的位置为篆体曲线“\”的位置，隶体字形在这里增加点画，应是受到篆体曲线的影响。新简中“麥”呈现为（麥，EPF22013）、（麥，EPF22025），第二个字形在右侧增加点画与左侧撇画对称。此外，还有一种点画的增加是受到同位置点画的影响，由于笔画失去了表示物象的功能，点画的数量变得多少不定，如：（受，EPF22364），上端增为四个点画。

2．增加横画

新简中增加横画产生的异写，多是在原有字形的横画位置增加横画，如：（受，EPT52052），受下端构件“又”起笔的影响，在中间增加短横画；（籍，EPF22691），下端左侧受构件本身横画数量多的影响增加了横画；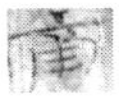（南，EPT20021），下端增加为三个横画。此外，（給，EPT05061）、（金，ESC006）等字形，都在原字形横画位置附近新增加了横画。

3．减省笔画

新简中笔画减省多出现为横画的减省，如：（謁，EPT59161），

左侧构件“言”减省横画；（業，EPF22686）、（書，EPT26010）、（笱，EPT59284）、（塞，EPT68022）、（盡，EPT48006）、（倉，EPF22070），均减省了横画。

此外，还有笔画组合体的减省，如：“嘉”在新简中呈现为（嘉，EPT51410）、（嘉，EPT52266），第二种字形中间的笔画组合“丷”减省。新简中“頭”呈现为（頭，EPT27021）、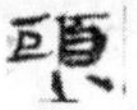（頭，EPF22022），第二种字形省略构件“豆”的笔画组合“丷”。“馬”做构件时，笔画组合体“灬”呈现不规则减省，有的字形全部减省，如：（驛，EPF22194）；有的减省为一个点画，如：（騎，EPF22197）；有的减省为两个点画，如：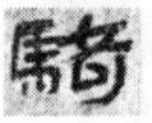（騎，EPF22065）；有的减省为三个点画，如：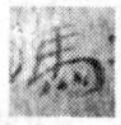（馮，EPT48130）。

（七）构件变异

整字中构件的变异也是产生异写字形的原因。构件受整字中其他成分字形影响发生变异，例如：繻，篆体作，《说文 · 糸部》：“繻，缯采也。从糸，需声。”新简中“繻”呈现为（繻，ESC011），右侧构件“需”的上部写为“而”，与下部“而”同形。新简中“而”的单字形体呈现为（而，EPF22002），中间为两个竖画。“雨”的单字形体呈现为（雨，EPF22372），中间表示雨水的点画已演化为横画，与“而”的区别明显，因此，新简中“繻”的字形“⿰糹⿱而而”是异写字形。

构件中部分成分的减省也会产生异写字形，例如：新简中的“戟”，当为“韏”的异写。“韏”，篆体作，《说文 · 戈部》：“韏，有枝兵也。从戈、倝。”新简中呈现为（韏,EPT49013），构件“倝”又是由构件“旦”“㫃”构成。“㫃”为象形，在新简中减省右侧部分，与“戈”构成“戟”。

二、异写字产生原因

综合以上分析，新简中的异写字产生原因可分为以下三点：

（一）由于书写的不同造成

书写的不同指由书写者个体书写习惯差异产生的异写。同一个书写者多次书写同一个单字形体，以及不同的书写者书写同一个单字形体，都会呈现出不同的字形。这种差异具有非常强的个体性和临时性，是简帛文献手写字形大量异写字产生的原因。

（二）字形演进的不规则

文字在演进过程中呈现出不同形体，“这种变化虽然也发源于个人书写、表现为个人书写，但它反映的是整个字形系统的变化，具有一定的规律性，不是临时存在，而是会长期延续并最终取代原有字形，是汉字书体发展演进的重要因素，所以可以称它为字形演进的不规则”[①]。

（三）不同字体之间的差异

新简中的主要字体有隶体和草体，同一单字的不同字体也属于异写字形，其变异方式和特征在有关字体和草化的章节已作详细说明，本章不作单独讨论。

① 王贵元：《简帛文献用字研究》，《西北大学学报》，2008年第3期。

第三节　异位字

一、异位字类型

构件的异位指的是构件的组合样式发生改变，打破篆体原有的平面布局，重新排列组成新布局的字形。王宁先生将构件的组合样式分为三个方面：构件的置向，构件的相对位置，构件的接合方式[①]。这三者中的任何一个发生变化都会导致构件变化，产生异位字。下面我们将按照构件位置的改变和原因分析居延新简中的异位字现象。

（一）构件置向改变

在不同的字体中，构件本身都有固定的书写方向，如果构件的形体与原来的方向相反、颠倒，就是构件的置向发生变化。在甲骨文中，“女”呈现为（女，合・11443）或（女，合・536），跪坐女子的方向向左或向右，这便是构件的不同置向。金文中的同一个字形也有不同置向的书写方式，如：（女，伯蔡父簋）、（女，免簋）。到小篆时期，字形的写法固定，构件的置向也基本固定。新简中有文字构件置向变化的多为习字简，且数量较少，仅有两例汉字有不同置向的书写，呈现为（尉，EPT57112）、（尉，EPT57112）、（尉，EPT57112）、（尉，EPT57112）；（子，ESC171）、（子，ESC172）。

（二）平面图示改变

构件的相对位置指单个字形中的某个构件相对于其他构件而言，所处的

① 王宁：《汉字构形学讲座》，上海教育出版社，2002年，第70页。

位置，构件的位置关系决定单字的布局图式类型。本文所讨论的字形构件相对位置的变化是依据小篆字形而言，并非简体字形。例如，“群”，篆体作，新简中的字形也为上下结构：（群，EPT59356），因此新简中的“群”字并不属于异位字。根据以上原则，现将新简中的异位字分为以下几种类型：

1．左右结构—上下结构

例字	篆体	隶体	异位字形
槥		（长·相20下）	（EPT59125）
媪		（马·战193）	（EPT59582）
雜		（乙瑛碑）	（EPT53152）
幼		（西狭颂）	（EPT51304）
助		（马·战210）	（EPF22143）
野		（白石神君碑）	（ESC074）
聽		（EPF22056）	（EPF22247）
襍		（睡·效28）	（EPT53152）

槥：小篆为，《说文·木部》释为“棺椟也。从木，彗声”。构件“木”“彗”左右对称，是一个左形右声的形声字。（槥，EPT59125）将意符“木”移至声符“彗”的下部，整字变为上下结构，意符和声符与“槥”相同，只是由于二者的相对组合位置发生了变化而产生了异位字形。

雜：篆体作，《说文·衣部》：“雜，五彩相合。从衣，集声。”声符“集”由“隹”和“木”构成，“木”与左侧意符“衣”合写，整字为左右结构。新简中写作（雜，EPT53152），将声符“集”中的“木”放置于整

字的下半部分，意符“衣”与“隹”合并，整字变为上下结构。

幼：篆体作，构件“幺”“力”左右对称分布。新简中“幼”共计5例，字形全部写为上下结构，如：（幼，EPT51416）。

2．左右结构—左中右结构

檻：篆体作，《说文·木部》：“檻，櫳也。从木，監声。”声符“監”，《说文·卧部》：“临下也。从臥，衉省声。”构件“臣”表示人的眼睛，人俯身向下，将脸部至于器皿之上，“臣”与“人”的位置均应位于皿的上方，新简中“檻”的字形，为了使整字左右结构均匀，将“臣”左移，呈现为（檻，EPT07036）。

3．左右结构—独体结构

新简中“伏”呈现为（伏，EPT52278）、（伏，EPT51054）；“付”呈现为（付，EPF22027）、（付，EPT51273），左侧构件“亻”位移至整字左上角，右侧构件的横画延长，整个字形变为独体结构。

4．左右结构—左下三包围结构

篆体中从“辵”的字形，字形皆为左右结构，隶变之后，构件“辵”的末笔加长，形体逐渐变为“辶”，整字变为左下三包围结构。例如：遏，篆体为，新简中呈现为（遏，EPT52165）；道，篆体为，新简中呈现为（道，EPF22027）。

新简中构件从“走”的字形有“趨、趣、超、越、起、趙”，“趨”字仅1例左右结构字形，呈现为（趨，EPT04016）。“超”字共2例，皆呈现为左下三包围结构：（超，EPT50001）、（超，EPT50007）。“趣、越、起、趙”的篆体皆为左右结构，在新简中呈现为左右和左下三包围两种

结构，例如：

字例	篆体	古隶	左右结构	左下三包围结构
趣		（睡・法199）	（EPT51478）	（EPT06056）
越		（睡・杂25）	（EPT58035）	（EPF22069）
起		（马・老甲452）	（EPT52159）	（EPT48024）
趙		（马・战33）	（EPT50004）	（EPT53197）

5．上下结构—左右结构

臂：篆体为，构件“辟”在“月”的正下方。新简中的字形将“月”移至左下角，与“启”合成整字的左侧构件，使整字变为左右结构（臂，EPT51324）。

瞀：篆体为，声符为“敄”。小篆将声符“敄”拆分，“矛”单独位于整字左侧，“攵”与“目”上下排列位于整字右侧。新简中“瞀”共计9例，3例为左右结构：（瞀，EPT48157），3例为上下结构：{瞀，ES（T119）.1}，3例形体结构模糊：（瞀，EPF22313）。

熱：篆体为，新简中呈现为（熱，EPT10008），构件“火”变形为“灬”或“⺀”，移至整字左下角，使“熱”变为左右结构。

裝：篆体为，意符为“衣”，声符为“壯”，字形为上下结构。新简中呈现为（裝，EPT59363），声符“壯”被拆分为两部分，“爿”由于快速书写变形为“丬”，意符“衣”的上半部分减省，下半部分与构件“士”组合，移至整字右侧。

6．左中右结构—上下结构

游，新简中呈现为（游，EPS4T2128）。意符“㫃”中的“方”减省，

“人”与声符“汙”中的“氵”共用笔画，位移至整字上方，与“子”重新排列组合，变为上下结构。

7. 上中下结构—上下结构

襄：篆体作，《说文 · 衣部》：“襄，汉令：解衣耕谓之襄。从衣，𤕦声。”由意符“衣”和声符“𤕦”构成。新简中的字形呈现为（襄，EPT59038），将篆体中的两部分“亠”“𧘇”合并为完整的“衣”字形，“𤕦”位于上部，与衣形成上下结构的“𤕦”字。

8. 上三包围结构—上下结构

上三包围结构变为上下结构的字形多集中于由构件“門”组成的字形，新简中构件从“門”的字形，除了（閡，EPT65023）、（閤，EPT65060）、（開，EPT57054）、（閒，EPF22079）四个字形呈现为上三包围结构，其余字形均呈现为上下结构，例如：

字例	篆体	上下结构
聞		（EPT44004）
閭		（EPT59376）
開		（EPT50154）
閣		（EPT59051）
閒		（EPT51427）
闌		（EPT51502）
關		（EPF22134）

续表

字例	篆体	上下结构
閲		（EPF22061）
閏		（EPT58023）
蘭		（EPT52053）
闢		（EPT68025）
間	缺	（EPT51086）
閔	缺	（EPT65414）

9．左上三包围结构—上下结构

房：篆体作，新简中字形将“户”的撇画缩短，位移至整字上方，与“方”组成上下结构字形，如：（房，EPT52193）、（房，EPT51021）。

10．左下三包围结构—上下结构

延：篆体作，《说文》释为从“㢟”，“丿”是声符。新简中“延”字共计235例，有一例写为上下结构：（延，EPT58011），在居延汉简中也有相同字形，将构件拆分重组为“廴”“正”，字形变为上下结构。

11．构件相对位置改变

有些异位字形，构件的层级数和最小构件形体没有变化，整字的结构模式不发生改变。通过层级划分可以发现，由于构件的组合方式不同，使同一个构件的层级位置改变，例如：

蔡：篆体作，由意符“艹”和声符“祭”组成。一级构件“艹”

“祭”，二级构件“示”“癶”，三级构件“肉”“又”。

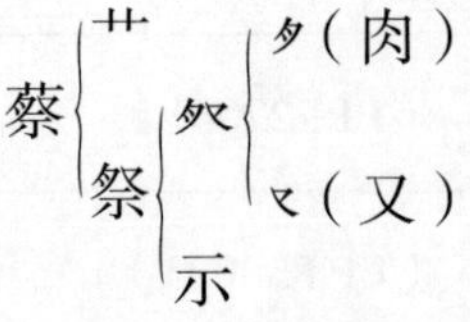

◎图 1

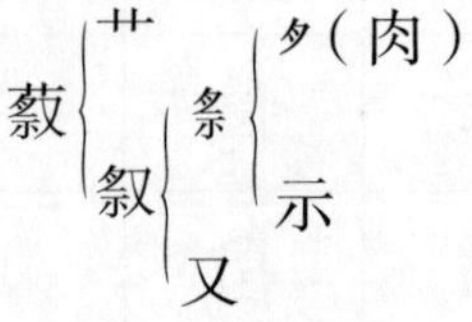

◎图 2

新简中“蔡”的异位字形为（蔡，EPT58003），如图 2 所示，一级构件为“艹”“叙”，二级构件为“⺼”“又”，三级构件为“肉”“示”。最小构件仍然由“艹”“夕”“示”“又”组成，仍然分为三级，但是同一构件的层级位置发生了变化，例如“示”已由原来的二级构件变为三级构件。

數：篆体作。《说文 · 攴部》：“数，计也。从攴，娄声。所矩切。”新简中左右结构写作（數，EPT20031），将构件“女”与“攴”合写在整字右侧，虽仍为左右结构，但构件“女”由原来的一级构件变为二级构件。

12．构件的平层变化

构件的平层变化指一个字的异位字形的构件、构件所处的层级与原字形相同，只是由于相对位置的改变而产生异位字形。

短：篆体作，构件由意符“矢”、声符“豆”组成，是“短”的基础构件。新简中呈现为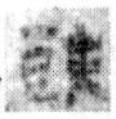（短，EPT40016），构件仍然是“矢”和“豆”，属于一级构件，意符和声符的位置互换。

犇：“犇”字由三个“牛”字组成。三个“牛”表示牛受到惊吓之后，成群奔跑。新简中“犇”字共计 9 例，只有 2 例与今文字相同，呈现为（犇，EPT65026），剩余 7 例全部写为（犇，EPT48130）。构形方式，“犇”与“𤛓”均为上下结构，而且，从构义来讲，三个构件“牛”在整字中的地

位是相等的，只是在同一层级中的相对位置不同而已。

魚：篆体为，《说文·魚部》：“水蟲也。象形。鱼尾与燕尾相似。”新简中的字形呈现为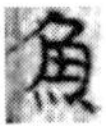（魚，EPT44008）、（魚，EPF22004），第二种字形的写法将表示鱼身体部分的笔画加长，将表示鱼尾巴构件“灬”移至表示鱼身体的笔画组合内，虽然仍为无法拆分构件的独体字，但字形已与篆体的布局不同。

二、异位字产生原因

通过古今文字形体对比分析可知，异位字的产生并不是随意改动所致，每种变化背后都有特定的支配动因。大体来说，造成异位字的原因主要有以下几点：

（一）沿袭古文字形

构义相同、构件组合位置不同的字形，追根溯源，有些字形看似与《说文》篆体不符，实则与古文字甲金文、或秦简文字同形，是一种历史的继承写法。例如：

幼：甲骨文中呈现为（幼，合·22736），金文中作（幼，禹鼎），古隶作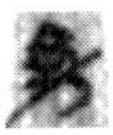（幼，睡·日甲50背）、（幼，马·老乙236下）。可见“幼”从甲骨文到金文到简牍文字，一直写为上下结构，形体非常稳定，只有在小篆中被写为左右结构，所以这种相对于小篆形体的异位，实际是一种传统写法的延续。

（二）笔形的改变

麴：即籟，《说文·米部》：“籟，酒母也。从米，籟省声。籟，或从麦，鞠省声。”新简中“麴”呈现为（麴，EPT59343），构件“麦”的最后一笔捺画拉长，“匊”字位于捺画之上，整个字形由左右结构变成左下包围

结构。

彭：篆体作，《说文·壴部》："鼓声也。从壴，彡声。"篆体字形为左形右声结构。从殷商以来的演变顺序为：

（彭，彭女簋）—（彭，廣簋蓋）—（《说文》）—（彭，马·春 95）—（彭，EPS4T2052）—（彭，孔彪碑），新简中呈现为（彭，EPS4T2052），左侧的意符"壴"的末笔横画变为长横画，声符"彡"书写其上，整字变为左下包围的结构。

助：篆体作，意符为"力"，声符为"且"，字形呈左右结构。在睡虎地秦简中的字形已经将声符"且"的末笔横画拉长，将意符"力"书写其上，新简中沿袭了古隶的这种写法，呈现为（助，EPT52096），有的字形甚至将"且"的末笔独立书写，使整字呈现上下结构，构义变得很难辨识，例如（助，EPF22143）。

（三）笔画的连写

縣：金文中呈现为（縣，县妃簋），构件从"木""纟""首"，小篆将"木"去掉，改为由倒写的"首"和"系"组合的字形"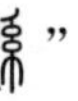"，新简中将字形中处于同一水平位置的横画连接起来，用一个长横画书写，字形呈现为（縣，EPT52155），整字变为上下结构。

故：篆体作，《说文·攴部》："使为之也。从攴，古声。"左声右形结构，隶体字形为（故，EPT59060）。（故，EPT08018），将"古"和"攴"的横向笔画连笔书写，"口"和"又"共享一个笔画组成"亠"，整字结构改变。

（四）结构布局平衡

汉字的整字结构布局也叫作结体取势，有些汉字形体从古文字时期开始一直保持规整的构形方式，例如形声字由意符和声符组合，会意字由多个意符组成等等，无论构件的书写简单还是复杂，都按照其形体正常书写。有些字形的构件形体繁易程度相差较大，整个字形显得不对称，于是汉字系统在规范的过程中，尝试通过将复杂构件拆分，整字构件重新组合的方式对字形的结体取势进行调整，例如新简中的“媪”“檻”等都属于这种类型的异位字。

媪：篆体作，《说文 · 女部》：“女老称也。从女，𥁕声。读若奥。”“媪”字本为左形右声的形声字，左侧构件“女”的书写只需要三笔，右侧构件“𥁕”需要九笔，且“𥁕”的横向笔画居多，字形显得左轻右重。在新简中呈现为（媪，EPT59582），构件“𥁕”被拆分为“曰”和“皿”两部分，与构件“女”重新组合，“女”与声符“𥁕”的上半部分“曰”组合，变为上下结构，上下两部分的笔画数分别变为七笔和五笔，整字结构显得较为平衡，但是这种字形破坏了汉字的构形理据。

檻：意符为“木”，声符为“監”。声符“監”表示人靠近盛水的脸盆，俯身照看自己的面影。“臣”是眼睛的象形，在水盆“皿”的上部，是“監”的重要表意构件。新简中“檻”呈现为（檻，EPT07036），将“臣”左移，与“皿”处于几乎并列的位置，从构义讲，很难理解为从上向下观看之意，这样的位移只是出于改变“檻”字左轻右重的结构，增强整字稳定性。

（五）偏旁位置类化

憂：篆体作，《说文 · 夊部》：“忧，和之行也。从夊，𢚧声。”新简中呈现为（憂，EPF22627）。

愛：篆体作，《说文 · 夊部》：“愛，行貌。从夊，㤅声。”新简中呈

现为（愛，EPF22246）。

“憂、愛”在新简中的字形均为上下结构，声符“𢚧、㤅”中的构件“心”位于底部。“心”作为构件，常书写于整字的底部，字形扁平，“憂、愛”将构件“心”拆分出来，移位至整字下方，并改为扁平结构，追求字形的稳定美观，破坏了构形理据。

新简中构件从“辵”字形的篆体写法，皆为左右结构，如：（遵）、（適）、（過）、（進）。无论是从构件的构形功能分析还是整字结构的美观稳定考虑，这些字形的构形方式都无需再进行调整。但新简中这些字形并未继承篆体的左右结构写法，而是将左侧构件“辵”中“止”的笔画拉长，将左右结构的字形调整为半包围结构，在《说文》中，“辵”部字形的古文中有这样的写法，如：（迹）、（遂）、（邇）、（遠）、（逖）。可以看出，在《说文》古文中，从“辵”的字形其中的“止”的竖弯笔画没有统一的长度和书写方向，使得由“止”参构的字形既有左下包围的结构，也有上下结构。上下结构的字形由于上部构件笔画繁多，下部“止”的笔画较少，整字显得头重脚轻。新简中从“辵”字形呈现为（遵，EPF22065）、（適，EPT26014）、（造，EPF22058）、（遷，EPF22059），参照古文的写法，将构件“止”的笔画统一加长，简写为“辶”，字形调整为左下包围结构，是一种有变化的合理的继承。

构件从“走”的字形在古文字时期多为左右结构，有的字形中，构件“走”的末笔为使整字左右平衡，改为向右上露锋斜出，如：（趨，马・老甲 325）、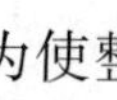（趣，睡・法 199）、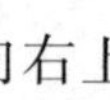（越，睡・法 186）、（起，马・老甲 452）、（趙，马・战 33）。新简中从“走”的字形除

了沿用左右结构之外，已经出现将构件“走”的末笔向右下方加长的写法，但这样的写法较少，多出现在右侧构件笔画较少的字形中，如：（超，EPT50001）、（起，EPT48122），这样的改变方法是为了增加右侧构件在整字中的比重，使左右结构平衡。到东汉、三国时期，构件从“走”的字形几乎全部统一为从“辶”的左下包围结构。构件“走”和“辵”形体和表意都相近，做偏旁时均位于左侧，汉字在精简和优化系统的过程中，促使二者产生相同的改变方式，这是系统内部规范和优化的结果。

另外，从居延新简中同一个字的多种写法，可以大致描绘出某一个构件或偏旁的演变过程，例如：

构件“邑”在字右边时写作“阝”，是由“邑”的快速书写加上笔画的连写产生。“邑”字单独成字时，字形为（邑，EPT48143）；书写的加速使左侧的纵向笔画连写，呈现为（邑，EPT51224）；右侧笔画共用中间横画，且笔程较短，呈现为近似“了”形的笔画：（邑，EPT51249），整字形体变为“阝乚”形，在由“邑”构成的其他字形中，由于整字形体的美观性和稳定性的要求，“阝乚”的最后一笔竖弯钩，为减少所占平面面积，将笔画逐渐拉直，“邑”变为“阝”形。以下两例字形也可看出笔画变化的过程：

郅：（郅，EPF22647）—（郅，EPW039）—（郅，ESC058）

邹：（邹，EPT59202）—（邹，EPT51356）—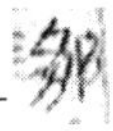（邹，EPT59251）

新简有的字形中“邑”的笔画甚至还会“矫枉过正”，在完全偏旁化之后，“阝”的最后一竖画还会与其他竖画一样，在最下端向内倾斜，略带缓弯状，已经完全看不出“邑”的字形。例如：（郎，EPF22063）、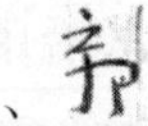（鄣，EPF22187）、（鄣，EPF2270）、（郭，EPT59046），末笔都呈现出向左弯的书写走势。

第四节　居延新简所见现代简化字

居延新简中有的草体字形同现代简化汉字形体完全相同，对这些字形进行分析，可以厘清现代简化字的简化方式，客观认识汉字演变的历史顺序。简化可分为偏旁的简化和整字的简化，笔画的减省可以产生简化的构件，也可以产生简化的整字，构件的减省直接产生简化的整字，下面从不同方面对简化字进行分析。

一、偏旁简化

居延新简中的“言”“貝”在作为单字书写时不会出现简化，作为偏旁构件时常简化，并与其他构件形成与现代简化字同形的字形。

（一）言—讠

“言”作为构件时简化为“讠”或“ㄴ”，由简化后的构件组成的字形有：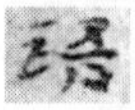（語，EPF22887）、（謁，EPT52533）、（譚，EPT68007），这三个字中的构件“言”简化为“讠”，与现代简化字形体相同。在大多数由“言”参构的草体字形中，“言”简化为“讠”后继续草化为“ㄴ”，例如：（譚，EPT68025）、（誰，EPT51021）、（詰，EPT50022）、（詣，EPF22270）。

（二）貝—贝

“貝”作为构件时简化为“贝”，由“貝”构成的字形呈现为：（負，EPT52114）、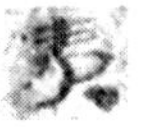（責，EPT51244）、（貫，EPT51069）、（賊，EPT68017），构件与现代简化字形体“贝”相同。

（三）食—饣

新简中的“食”作为构件时，形体开始发生变化，已可见简化偏旁“饣”的雏形。无论是单字书写还是作为构件，“食”都有简化的字形：（食，EPF22706）、（飯，EPT52192）、（湌，EPT26012）。

（四）門—门

新简中的“門”隶体呈现为（門，EPT53040），草体呈现为（門，EPT02005），继续草化为（門，EPT65027）、（門，EPT65227），与现代简化字相比更为减省，符号化严重。作为偏旁时也写为此形，如：（閣，EPF22293）、（閭，EPT59237）、（閉，EPT05190）。

二、整字简化

（一）魚

新简中“鱼”的构件“灬”简化为一个长横画，字形呈现为（魚，EPT44005）。

（二）單

新简中“單”的字形为（單，ESC011）、（單，EPT51378），上部构件“吅”被改造为两个三角形的笔画组合体，进一步简化为两个点

画，与现代简化字同形。

（三）前

“前”上部构件本为“止”，新简中“前”呈现为（前，EPT59426）、（前，EPT49046），第二种字形“止”演化为“丷”，整字与简化字同形。

（四）蓋

“蓋”在金文及古隶中的字形均为“蓋”，新简中写为（蓋，EPT51471），上部构件“艸”草写为“丷”，与声符中的“太”组成“羊”，东汉碑刻字形也有这样的写法：（蓋，赵宽碑）。

（五）孫

“孫”在居延新简中有两种字形：（孫，EPT52110）、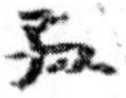（孫，EPT52204），在书写便捷的支配下，左侧构件“子”的横画为与右侧构件连接，右侧构件简化为“小”形，整字简化为“孙”。

（六）時

新简中“時”的字形呈现为（時，EPT49045）、（時，EPT20013），第二种字形为草体，将左侧构件“日”中间的短横画与右侧构件“寸”的横画书写为一个长横画，减省右上角“土”。

（七）護

新简中“護”的隶体字形呈现为（護，EPT65180），草体字形呈现为（護，EPT59205），左侧构件“言”草化为“レ”。另一种草体字形呈现为（護，EPT05217），右侧构件上端的“艹”变为“乂”形，下端的“又”也变为“乂”形，省略了中间部分“隹”。

（八）張

“張”在新简中有两种字形（張，EPT52104）、（張，EPT27008），第二个字形中的构件“長”减省笔画，并改变笔形为撇画，简化为“长”，左侧的“弓”变形为“子”，形成简体“张”。

（九）長

“長”在居延新简中字形为（長，EPT65055）、（長，EPF22258），通过减省笔画变形为“长”。

（十）見

新简中的“見”字形为（見，EPT5306）。通过对比可以发现，上部构件“目”中的横画常与下端的笔画连写：（見，EPT57003），或减省掉上端的横画：（見，EPF22667），继续减省掉“目”的末笔横画，呈现为（見，EPT53104），与现代简化字同形。

（十一）來

新简中“來”写为（來，EPT50200），与现代简化字同形，东汉碑刻中也作“来”：（來，礼器碑）。

（十二）為

新简中“為”有两种字形：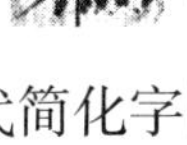（為，EPT49003）、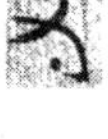（為，EPT52556），第二种即“为”，与现代简化字同形。

（十三）明

“明”在新简中有两种字形，构件从“目”或“日”，（明，EPS4T2136）、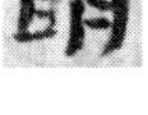（明，EPF22161），“明”与现代简化字相同。

（十四）今

“今”，篆体作，新简文字将篆体线条拆分，将逆向书写的线条分为横画和竖画，竖画位移至中间，与横画相切：（今，EPT20019），受快速书写的影响，竖画位移至横画的收尾处，与横画相连：（今，EPT58054），后连写为横折左弯笔画，与现代简化字中的“今”同形：（今，EPT56284）。

以上列举了居延新简中与现代简化字相同的字形，并按照简化的原因进行分类，由此可见，居延新简中的简化字产生原因包括偏旁的简化、构件的笔画书写简化、构件直接减省、整字中笔画减省变形等四大类。但这只是一个大致的标准，有些简化字的情况不止一个原因，是融合了几种情况一起产生了简化字形。例如“张”的简化字，首先是左右构件笔画减少、笔形发生改变，作为变形的构件组成生成了简化字形，我们不能简单说它只是构件的变化或者笔画的变化。

第五节　形体混同字

居延新简中形体发生混同的字形有两种情况，一种为隶体字形同形，一种为草体字形同形，共计 22 对，分别如下：

（一）失—夫

新简中“失”呈现为两种字形：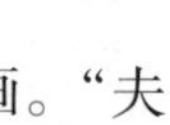（失，EPF22319）、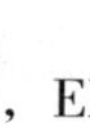（失，EPT 52207），区别在于起笔有无短撇画。“夫”呈现为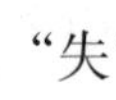（夫，EPF22127），与起笔无短撇画的“失”字形混同。在草体字形中，“失”呈现为（失，EPF22463），“夫”呈现为（夫，EPT59655），字形混同。

（二）吉—告

新简中“吉”只有一种字形（吉，EPF22153），构件“士”的横画上短下长。“告”有两种字形：（告，EPT49019）、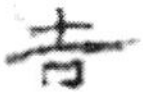（告，EPT57048），一种起笔有撇画，与现代简化字相同，一种没有撇画，横画书写上短下长，与“吉”的字形发生混同。

（三）屯—毛

新简中“屯”的字形呈现为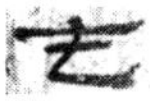（屯，EPF22065）、（屯，EPT58003），均由两个横画和一个竖右弯笔画组成，两横画的长度不固定，上端均出头。“毛”的字形为（毛，EPT40038），与“屯”混同。

（四）矢—夫

新简中“矢”有两种字形，第一种上部写为“人”：（矢，EPT56335），第二种上部为一横画：（矢，EPF22319），这是对篆体字形线条的不同改造产生的异写字形。“夫”字形为（夫，EPT56261），与“矢”的第二种字形混同。

（五）辧—辦

新简中“辧”呈现为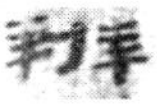（辧，EPT57001），在整字结构平衡的作用下，构件“力”变形为“刂”。“辦”作（辦，EPT50001），构件“刀”也可写为变体“刂”：（辦，EPT59087），与从“力”的字形“辧”发生混同。

（六）戌—成

新简中“戌”呈现为（戌，EPT53064）、（戌，EPT05004）；

当左侧短横画的笔程加长，与右侧撇画相连，出现字形（戌，EPT65324）；将这两个笔画连写为一个横撇笔画，字形呈现为（戌，EPF22051）；在此字形的右侧补充原长撇笔画的上半部分，将其改为点画，字形呈现为（戌，EPT50192），虽与“成”的变异字形不完全一致，但已经非常相似，很难区分。

新简中“成”呈现为（成，EPF22207）、（成，EPT44051）。有一例字形为（成，EPT56010），与“戌”的一种变异字形（戌，EPF22051）混同。

（七）九—力

新简中“力”呈现为（力，EPT65314）、（力，EPF22503）。“九”呈现多种字形：（九，EPT53040）、（九，EPT58015）、（九，EPT59103）、（九，EPF22192），当横折弯笔画被写为横折左弯时，“九”与“力”的字形发生混同。

（八）王—壬

新简中“王”呈现为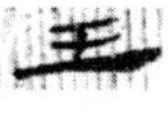（王，EPT59340），“壬”呈现为（壬，EPT48004），笔画均为三横画和一竖画，字形混同，不易区分。

（九）沒—汲

新简中“沒”呈现为（沒，EPF22045），“汲”呈现为（汲，ESC029），二字形体混同。

（十）人—入

新简中“人”呈现为两种（人，EPT59177）、（人，EPT

44002）；“入”也呈现为两种（入，EPF22002）、（入，EPF22151），二字混同。

（十一）文—丈

新简中“文”呈现为（文，EPT40207），部分字形中起笔的点画写为短撇：（文，EPT04017）、（文，EPF22153）。

“丈”呈现为（丈，EPT58036），横画与第二笔撇画相交。有的字形将撇画拆分为两笔，位于横画上端的改为短的撇画，如：（丈，ESC026）、（丈，EPF22326），字形与“文”混同。

（十二）旁—虜

新简中“虜”的草体呈现为三种：起笔为点画（虜，EPF16037）、省略起笔点画（虜，EPF22414）、起笔为短横画（虜，ESC038）。“旁”的草体字形为（虜，EPT65319），与“虜”的一种字形混同。

（十三）土—士

新简中“土”呈现为（土，EPT58038），长横画位于下部，有的字形在右下增加点画（土，EPF16038）。

“士”呈现为（士，EPT27008）、（士，EPT56190），长横画的位置不固定，当书写在下部时，与“土”的字形混同。

（十四）左—在

新简中“左”呈现为（左，EPF22649）。“在”呈现为（在，EPT49046），有的字形为（在，EPT50211），构件“土”的竖画与上下横画相切，字形与“左”混同。

（十五）出—土

新简中“出”呈现三种字形，第一种为（出，EPT58037），在横画两端分别增加笔画；第二种为（出，EPF22007），只在上横画两端增加笔画，末笔书写为长横画；第三种为（出，EPT40005），横画两端均不增加笔画。新简中“土”呈现为（土，EPT58037），与“出”混同。

（十六）男—功

新简中“男”的草体字形为（男，EPF22661），“功”呈现为（功，EPT53034），字形混同。

（十七）求—来

新简中“求”呈现为（求，EPT59113）；“来”呈现两种字形：（来，EPF22025）、（来，EPF22196），第二种字形与“求”混同。

（十八）史—丈

新简中“史”呈现为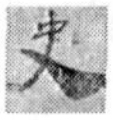（史，EPT20027）、（史，EPT59195），第二种字形将“口”改写为“一”，字形与（丈，EPT65060）混同。

（十九）已—巳—己

新简中“已”呈现为（已，EPF22290）、（已，EPT52557）、（已，EPF22691），字形左上角全封闭书写。

“巳”呈现为（巳，EPF22213）、（巳，EPT56100），字形左上角全封闭书写。

新简中“己”呈现两种字形，左上角不封闭书写（己，EPT49055），

全封闭书写（已，EPT40006）。第二种字形与“己”“巳”的字形混同，“已、巳、己”三个字形不易区分。

（二十）由—甾—击

新简中“由”呈现为（由，EPS4T2007），“甾”呈现为（甾，EPT44049）；“击”呈现为（击，EPT43299），三个字形均为下三包围结构，中间成分由两个短横画与一个竖画组成，三个字形混同，不易区分。

（二十一）甘—曰—日

新简中“甘”呈现为（甘，EPT53064）、（甘，EPS4T2108），字形整体扁方，笔画全封闭和半封闭。

“曰”呈现为两种字形，（曰，EPF22045）、（曰，EPT50073），字形整体扁方，笔画全封闭和半封闭，与“甘”混同。

“日”呈现为（日，EPT17005）、（日，EPT40204）、（日，EPT40006）、（日，EPT52053），整字结构有的呈纵长之势，有的呈扁方之形，扁方字形与“甘、曰”形体混同。

（二十二）丹—月—肉

新简中“丹”呈现为（丹，EPT20014）、（丹，EPT68100），字形内部为两个短横笔画上下书写，外部轮廓的起笔为竖撇笔画，上部的横画与右侧的竖弯笔画有时单独书写，有时合并为横折弯笔形。

“月”呈现为（月，EPT40022）、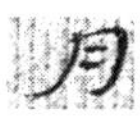（月，EPT52103）；笔画和整字结构都与“丹”相同，不易区分。“月”内部两个短横画有时写为两个点画（月，EPT48147）。

“肉”的字形内部为“仌”，新简中呈现为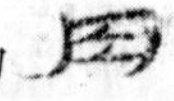（肉，EPF22025），与“丹、月”的区别特征明显。个别字形将“仌”简写为两个点画（肉，EPT51235），与“月”混同。

综上所述，新简在形体混同的字形整理如下：

形体混同字形表

失—夫	吉—告	屯—毛	矢—夫	辦—辧
戌—成	九—力	王—壬	沒—汲	人—入
文—丈	旁—虜	土—士	左—在	出—土
男—功	求—来	史—丈	已—巳—己	由—凷—击
甘—曰—日	丹—月—肉			

第六节　合　文

合文是汉字书写中将两个或两个以上的字合写在一起的现象。合文书写的字形有的共用笔画，有的笔画相连，多数合文字形通过将单字结体改为扁平，使两个字共同占用相当于一个正常单字的面积。例如：（七十，EPT57051），（四石，EPT65229），（正月，EPF22188），（刺史，EPT58097），（隧长，EPT65269）。

居延新简中的合文有“十一、七十、十月、千敢、四十、四石、正月、岑令、刺史、第十、燧长、叩头”等。从整字结构来看，这些合文字形都是纵向上下二字合写为一，这是由于在竹简上书写文字时的顺序为从上到下书写。合写的笔画则取决于上下两个字形的相近之处的笔画。例如，“七十”的合文共用一个竖画；“四石”的合文为“亖”的末笔与“石”的起笔合用一个横画；“正月”二字共用了撇画和横画。没有笔画相连的合文结构方正，与它所处的简文上下字相比，结构布局完全相等，两个字形占据正常书写一个字形的面积，因此属于合文。从音节分析，“刺史”所在的竹简全文为“⧄汉律刺史”，“隧长”所在简文全文为“却适隧长去至　⧄”；“正月”所在简文全文为“府记曰守塞尉放记言今年正月中从女子冯□借马一匹从今年驹四月”。这些合文的特点是，所合写的两个字为一个双音节词，单独使用其中任何一个都不能准确表示词义，因此书写时将他们合在一起书写，没有联系的两个单字是不会写为合文的。

（EPT58097）

（EPT65269）

（EPF22188）

第七节　新莽用字

新莽是新朝和王莽的合称，西汉末年，外戚王莽执政后新建朝代，改国号为新，建都长安。在《说文解字》中有关于新莽时期文字特点的叙述：“时有六书，一曰古文，孔子壁中画也。二曰奇字，即古文而异者也。三曰篆书，即小篆秦始皇帝使下杜人程邈所作也。四曰佐书，即秦隶书。五曰缪篆，所以摹印也。六曰鸟虫书，所以书幡信也。”[①] 这六种字体史称“新莽六书”。居延新简纪年简中，王莽在位时期的清晰可识别的简共计131支，年号分别为“居摄、初始、始建国、天凤、地皇”，其中尤以为始建国的简居

① [东汉]许慎：《说文解字》，中华书局，2004年，第315页。

多，共计118支。这些简上的字体以八分隶和草体为主，特点不再赘述。此外，王莽简的一个特点就是使用的异写数量值和货币名称，有明显的特征。详见下表：

西汉用字	字例	王莽用字	字例	表示含义	释文
四	 （EPT49013）	亖	 （EPT04008）	数字4	（始）建国亖年毋出入……
七	 （EPT40006）	桼	 （EPT27049）	数字7	建国地皇上戊二年桼月丁□
廿	 （EPT50019）	二十	 （EPT05001）	数字20	始建国五年九月丙午朔乙亥，第二十三队长……
卅	 （EPT51187）	三十	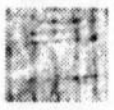 （EPT68194）	数字30	始建国天凤三年六月甲申朔丁酉三十井郭候刁敢之……
卌	 （EPT58037）	亖十	 （EPT05038）	数字40	出书绳百斤、泉九百亖十 始建国天凤一年十一月庚

根据王莽时期简文对比，使用“亖、桼、二十、三十、亖十”代表“四、七、廿、卅、卌”等情况的简大多是始建国二年之后形成的。考察新莽时期的器铭，也有这样的用字方法，例如：“《汉金文録》卷二，二一六号新莽钟铭：中尚方铜五斗钟一，重三十六斤，始建国三年桼月工□□□东啬夫□掌护常省。”[①]

① 饶宗颐、李均明：《新莽简辑证》，泰国华侨崇圣大学中华文化研究院、香港敦煌吐鲁番研究中心合作研究丛刊、新文丰出版公司印行，1995年，第106页。

第五章 居延新简字形草化研究

第一节 笔画草化方式

草体字形的产生是基于快捷书写的需要，通过对隶体字形改造使其更便于书写，草化是提高书写速度的重要途径。按照笔画草化的方式不同可以分为笔画形变、笔画连写、笔画减省三种。草体字形的产生往往不是单一改造方式作用的结果，而是多种方式共同起作用所致。笔画形变的同时也存在连写，连笔书写过程中又伴有笔画的减省，这都是草体字形中常见的现象。

一、笔画形变

笔画形变指同一个字形的隶体写法和草体写法相比，相同位置的笔画发生了笔形的更换或笔画的改换。草体字形笔画形变的重要原因是由于在书写快捷的支配下，笔画为与下一个笔画快速衔接而产生笔形或书写方向的调整，导致笔画形体改变。笔画形变是一种最简单、最直接的加快书写速度的方式，可以通过缩短笔程和改变笔形的方式，缩短整个字形的书写过程。缩短笔程而不改变笔形，会产生长笔形变为短笔形的现象，但书写者往往不会局限于单纯将笔程缩短，而是在缩短笔程的同时将笔形也加以改变，以便能够更便捷地连写笔画。居延新简中笔画形变包括以下几种：

（一）横撇变撇画、点画

隶体字形中的横撇在草体中由于书写快捷变形为撇画或点画，横撇的书写过程中有转折，撇画和点画均无转折，书写起来相对简捷。如“取”，隶体作（取，EPT59008），右侧构件“又”的笔画为横撇、斜捺。草体呈现为（取，EPT04044），横撇变为点画，捺画也变为点画。“趣”隶

体作（趣，EPT26021），草体呈现为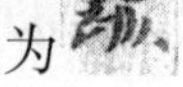（趣，EPT52013），横撇变为撇画。

（二）捺画变点画

新简中“張”的隶体字形呈现为（張，EPT51104），草体呈现为（張，EPT20010），末笔捺画变为点画。

（三）竖左缓弯变撇画、点画

隶体字形构件“彳”的竖弯笔画，在草体字形中，受前两个笔画的影响，变形为短撇或点画，如“行”在新简中的隶体作（行，EPT51128），草体呈现为（行，EPT04025）、（行，EPT05271），左侧构件的第三笔竖左缓弯分别变为撇画和点画。

（四）竖画变竖钩

草体中的竖画为与下一笔画快速连接，在收笔时上挑带出钩画，如“物”，隶体作（物，EPT59012），构件“牛”的竖画为直线运笔。草体“物”呈现为（物，EPT20008），构件“牛”的竖画为了更快与下一横画连接，在收笔时向左上斜出，形成钩画。“鄣”，隶体作（鄣，EPT06039），草体呈现为（鄣，EPF22187），左侧构件“章”的末笔竖画在草体中变为竖钩，也是由于书写快捷导致。

（五）横画变提画

“簿”的构件“氵”在隶体字形中呈现为短横画：（簿，EPT40206），草体呈现为（簿，EPT59074），第三笔短横画变形为提画，缩

短与右侧构件的书写距离。新简中“掾”的隶体作（掾，EPT59366），左侧构件“手”的第三笔为短横画。草体呈现为（掾，EPT59087），构件“手”的第三笔变为提画，并从笔道可以看出与右侧构件的连接。

（六）横折折弯变横折左弯

新简中隶体字形中的构件“阝”，笔画为横折折弯，如：（陽，EPF22021）、（郭，EPT57066）、（叩，EPT40208）、（部，EPT52104），草体呈现为“卩”，笔画变为横折左弯，如：（郭，EPT51603）、（部，EPF22189）。横折左弯书写时比横折折弯少一次转折，而且有的起笔是与左侧构件的笔画连写，如：（叩，EPT44065）；有时收笔的弯画特征也不明显，直接写为向左下的收笔，如：（陽，EPF22327），这些笔法的减省直接导致整字书写的简化和书写速度的加快。

（七）撇捺组合变点画组合

隶体字形中的笔画组合体“八”在草体字形中变形为点画组合，“藥”的隶体字形呈现为（藥，EPF22246），下端左侧笔画书写时从右上起笔至左下收笔，还有露锋，是典型的撇画。在草体字形中，撇画变为点画，呈现为（藥，EPF22279），点画的书写方向变为自左下向右上运笔，与下一笔画顾盼呼应。末笔的捺画也变形为点画。“蘭”，隶体呈现为（蘭，EPF25007），下端是撇画与捺画的组合，草体呈现为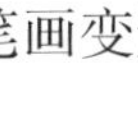（蘭，EPT68023），变为两个点画的组合。

以上字例只是居延新简草体字形中较为常见的笔画变形，在这些笔画的改变过程中，很多隶体字形中的笔画在草体字形中都改为了点画，这是因为点画的笔程最短，置向多变，最适合作为快速书写的笔画。

二、笔画连写

草体字形最大的特点就是使用连笔，常见的现象是将隶体字中原本独立的两个或两个以上的笔画用一个笔画连续书写完成，减少笔画之间的停顿。

（一）按照隶体笔顺连写

草体字是将隶体字快速书写而成，连笔的产生也是由于快速书写而导致笔画间牵连接搭而不易区分甚至合而为一。由于这种连写是按照隶体笔顺顺势而为，所以虽经速写改造而整体字形仍与隶体字形比较接近。将隶体字形与草体对比，可以分析出连笔所连的笔画种类。例如：草体中对两个位置相近的横画的连写，是将二者合写为一竖画。“貝、月”中的两个短横笔画简写为一竖画，字形尚能辨识。从（賀，EPT56011）、（月，EPT59030）的笔画我们可以分析出连写笔形的产生步骤为，首先缩短了两横画的笔程，将横画写为两个点画，两个点画再连接为一个竖画。下表为按照笔顺连笔的字例。

按照笔顺连写字形

例字	賀	語	斗	候
隶体	（EPT52206）	（EPT49009）	（EPT49062）	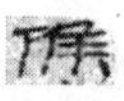（EPT08005）
草体	（EPT52367）	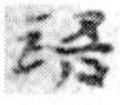（EPF22887）	（EPT50004）	（EPT08014）

（二）改变隶体笔顺连写

草体中有些连笔将第一个笔画收笔位置和第二个笔画起笔位置相近的笔画连写，不按照隶体的正常笔顺书写。例如：

改变笔顺连写字形

例字	程	日	夜	左	桐
隶体	（EPT03001）	（EPT51002）	（EPT52207）	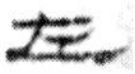（EPS4T2025）	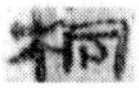（EPT48142）
草体	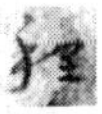（EPT59699）	（EPF22188）	（EPF22196）	（EPF22291）	（EPT52608）
正常笔顺	撇、横、竖、撇、捺	竖、横折、横、横	点、横、提、撇	横、撇、横、竖、横	横、竖、撇、点
变异笔顺	撇、竖、横、撇、捺	竖折、横、横、弯钩	横、竖钩、撇	横、撇折、点、横	竖、横、撇、点

（三）逆向连写

逆向书写本为篆体字形常见的书写方式，隶体笔画对篆体线条的改造最大的特点之一就是改变了逆向书写。在新简的草体字形中，有逆向书写笔画的字形为“就”“求”“伏”，分别呈现为（就，EPF22006）、（求，EPF22463）、（伏，EPT52278），右侧构件的横画为逆向书写，从笔画的运行轨迹和连带痕迹可以判定，这些横画在书写前，首先书写右上角的点画，而这个点画在收笔之后向左转，继续书写横画，导致横画变为自右向左的逆笔。新简中有点画与横画分开书写的字形呈现为（就，EPF22082）、（犬，EPT51576）、（尤，EPT59120）。草体字形书写加快，点画与横画连写为一个自右向左有弧度的横画，这种逆向的书写方式只是笔画多途探索中的一种途径，由于违背书写习惯，在改造中被自左向右的长横画代替，如：（就，ESC081）、（伏，EPT51054），右侧构件中的逆笔已经变为横画。

三、笔画减省

笔画减省是指草体字形将隶体字形中的笔画直接省略。可以是减省单独的不利于连笔书写的笔画，也可以是减省多个笔画。

（一）减省单独笔画

1. 宀—⼧

草体字形中的构件“宀”，左侧的点画常省略不写，有的字形中，起笔的点画与横折弯笔画连写，例如：

“宀”减省笔画字形表

例字	居延隶体	居延草体
憲	（EPT57066）	（EPF22191）
宣	（EPT48138）	（EPT59030）
定	（EPT53066）	（EPF22190）
完	（EPT51592）	（EPT51110）

2. 冂—つ

构件“冂”是“門”的草体写法，“冂”在书写时，起笔的短竖笔画常常减省，使构件变为一个横折笔画“つ”。从“問”的字形中可以看出构件草化的过程。問：（問，EPT59159），省略横画（問，EPT51301）、省略竖画（問，EPT68026）、省略竖画（問，EPF22191）、省略竖画（問，EPT59652），笔画最多的草体字形“問”，构件“門”有四个笔画（竖、横折、竖、横折），随着书写速度的加快，其中的笔画被依次省略，最后，将左侧起笔的短竖画也省略，构件“門”被减省为一个横折的笔画。相同的字形还有“閒”：（閒，EPT50022）、（閒，

EPT59039）；“關”：（關，EPF22490）、（關，EPT20028）。

3．刂—亅

构件“刂”的正常书写顺序为自左向右，先写短竖画，再写竖钩画。在草体字形中常单独连笔书写，或是与左侧构件连写。与左侧构件连写时，“刂”的笔顺发生变化，“亅”与左侧构件连笔书写，最后书写左侧的短竖画，但常常省略掉这一笔画，例如：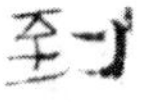（到，EPF22025）、（到，EPF22193）；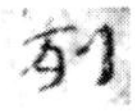（列，EPF22221）、（列，EPT65257）；（刑，EPT65513）、（刑，EPT65032）；（則，EPT40206）、（則，EPT56019）。

与之相似的还有“死”，右侧构件“匕”是一个反写的人形，由两个笔画组成，起笔撇画常与竖弯钩连写，甚至省略，竖弯钩笔画与左侧构件的末笔点画连写。有的字形中甚至为了书写的方便，将构件“匕”的位置移至整字的下部，其目的就是为了方便连笔书写。以下为“死”字笔画的变化过程：（死，EPT52170）—（死，EPF22200）—（死，EPT59347）。

（二）减省多个笔画

草体字形中有些笔画，原本并没有被省略掉，只是与其他笔画连笔书写，但随着草化程度的加深，笔画合并减省，逐渐被省略。新简的草体字形基本上完整地呈现了草化的过程，例如：“負”，构件“貝”中间的两个横画与下部撇画合为一个长撇“丿”，变为“贝”，“贝”的书写顺序为：㇄（竖折）、口（横折）、贝（撇）、贝（点）。第二笔右上角的横折笔画减省为一个短竖画，与横折笔画连写在一起，笔画拉直后，已经看不出短竖画的存在，笔画被减省。整字的草化过程如下：（負，EPT52002）—（負，

EPT56009）— （負，EPF22199）— （負，EPT65033）。还有一些草体字形直接呈现为减省笔画之后的形体，如：（詡，EPT65067），左侧构件“言”减省为“ㄴ”，右侧构件“羽”的点画减省。“謁”呈现为（謁，EPT52038），左侧构件“言”减省为“ㄴ”，右侧构件的横向笔画和撇画、捺画均被减省，剩余笔画重新组合。“敢”呈现为（敢，EPT52254），左侧构件的笔画大量减省，构件变得与“日”形体接近。

草体字中有些字形只保留隶体字形的大致轮廓，将其余笔画全部省去，这也是草体字形不易辨识的主要原因。草体字形在演变过程中逐渐形成了固定的符号系统，这些符号绝大多数形体来源于笔画的减省。

由于新简草体字形草化程度不等，笔画的形变、连写和减省常出现在同一个字形中，如“張”，隶体作（張，EPT51104），草体呈现为（張，EPT03009），左侧构件“弓”的笔画变形为横撇、竖左缓弯，右侧横画减省，左右构件中间的横画连笔为一个长横，最终形成草体的“張”。

第二节　构件草化方式

王宁先生将今文字阶段的字形分为正规字体和变异字体两种。隶书、楷书称为正规字体，行书、草书称为变异字体。居延新简中的草体和隶体是汉代通行的两种不同字体，二者均是古隶的传承，正规的古隶演变为八分隶，俗体的快速书写的古隶演变为草体。李洪智将草体的部件定义为“根据草书自身的特点并参考其同主流字体之间的形体对应关系，从草书字形中离析出来的数量有限并有一定使用频率的组成部分，由这些部分应该可以组成草书的全部规范字形”[1]。本书对草体构件的定义和判断参照此标准，例如“譚”字的隶体为（譚，EPF22357），构件有“言、西、日、十”，草体中写为（譚，EPF22250）、（譚，EPT59087），根据与隶体字形的对比可知，左侧构件“言”被简写为“ㄴ”，考察其他隶体字形中含有构件“言”的草体字形：（語，EPT59651）、（謂，EPT26018）、（請，EPF22200）、（誦，EPT50001）、（諸，EPF22463），左侧的构件均被简写为“ㄴ”。因此我们可以认定，“ㄴ”是草体字形“譚”的一个构件，相当于隶体中的构件“言”，但“言”还可以进行笔画的拆分，而“ㄴ”已经是一个连笔笔画，不可以再拆分，这样的构字能力强的构件是书法中草书符号的重要来源。以下将按照这种标准对新简草体字形构件变化情况进行分析。

一、构件黏合

构件的黏合是指由于笔画的连写，使得构件形体相连，共用笔画。按照字体结构的不同，可以分为上下构件黏合，左右构件黏合。

（一）上下构件黏合

上下构件黏合

例字	篆体	居延隶体	居延草体
弩		（EPT09004）	（EPT68021）
萬		（EPT53161）	（EPF16037）
負		（EPF22026）	（EPF22186）

① 李洪智：《汉代草书研究》，北京师范大学出版社，2014年，第101页。

续表

例字	篆体	居延隶体	居延草体
黄		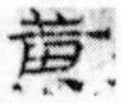（EPF22023）	（EPT59197）
虜		｛ES（T119）.2｝	（EPT68094）
男		（EPT51698）	（EPF22016）
家		（EPT52165）	（EPT65041）

通过对比可以发现，上下黏合的构件多伴有构件的简写或笔画化，因为连写往往发生于水平位置接近、笔顺次序相接、末笔和起笔位置接近的笔画之间，而上下结构的汉字构件本身并不具备这样的条件。例如，我们在书写汉字“弩”的时候，上半部分构件“奴”的末笔在整字中间的右侧，下半部分构件“弓”的起笔在整字中间的左侧，因此要想连笔书写“弩”，必须对构件进行变形或者对笔顺进行改变。（弩，EPT68021）是“弩”的草体字形，在这个字形中，构件又省略了捺画，构件“弓”省略了横折、横笔画，又与“弓”合写为一个“了”形的构件。再如，“萬”字是上下结构，按照正常书写顺序，首先写上部“艹”，下部构件“禺”的起笔在左侧，“艹”的末笔在右侧，二者没有共同笔画可以连接，因此新简中“萬”的草体也只是下部构件“禺”的各种变形，呈现为（萬，EPT49045）、（萬，EPT48117）、（萬，EPT20013），要想使上下两个构件连写，必须对构件进行有利于连写的变形。例如在（萬，EPF16037）字形中，构件“艹”为了与“禺”连写笔画，省略了右侧第二个撇画，并且改变了书写顺序，先写横画，再写左侧的撇画，将短撇改为“丿”，与“禺”的简体共用，以此来达到快速书写的目的。“負”的草体为（負，EPF22186），在这个字

形中，构件“貝”已经变形为形，中间的两个短横与下面的撇画合写为“丿”，“貝”的右上方横折笔画省略。

（二）左右构件黏合

左右构件黏合

例字	篆体	居延隶体	居延草体
物		（EPF22021）	（EPT68023）
獨		（EPT58094）	（EPW112）
到		（EPT59036）	（EPT51724）
地		（EPT49010）	（EPT51021）
即		（EPT49030）	（EPT56006）
對		（EPT50200）	（EPT52359）
敢		（EPT57052）	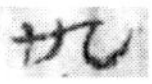（EPF22187）
錢		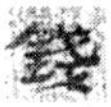（EPT52110）	（EPT56073）
教		（EPF22559）	（EPT53177）

左右结构的字形在连笔书写时，通常会将水平位置接近、笔画顺序相接的笔画直接连写，最简单的连写只是单纯的笔画连写，不需要对构件和笔画进行任何改变。例如：（地，EPT51021）的草体按照正常笔顺，将左侧构件“土”的末笔与右侧构件“也”的起笔连写为一个笔画；（教，EPT53177）的草体也是按照正常的笔顺，将左侧构件“孝”的末笔与右侧构

件“攵”的起笔连接，书写为一个笔画；（物，EPT68023）的草体是将左侧构件“扌”的末笔与右侧构件“勿”的起笔合写为一个长撇画。相对来讲，左右结构字形的构件黏合比上下结构字形的构件黏合对构件的破坏程度要低一些。

二、构件减省

构件减省指草体字形中为加快书写速度，将字形中的某些隶体字形构件直接省略，减少整字的构件数量。例如：

构件减省字表

例字	隶体	草体	省略的构件
時	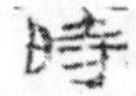（EPF22027）	（EPF16040）	土
當	（EPT53066）	（EPT59075）	冖、口
祿	（EPT56111）	（EPT59197）	彐
簿	（EPT51088）	（EPT05009）	甫
穀	（EPT48030）	（EPT04044）	几
意	（EPF22154）	（EPT27008）	丷
旁	（EPT57008）	（EPT65319）	丷、冖
萬	（EPT53161）	（EPT65227）	田
縣	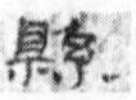（EPF22068）	（EPF22186）	幺
孫	（EPT44003）	（EPT14096）	幺

草体字形构件减省的特点为左右结构的字形往往减省右侧上部构件，例如“時”省略右上构件“土”；“穀”省略右上构件“几”，等等。这是由于

连笔书写时，从左侧构件出发向右侧书写的笔画会选择右侧构件的主形、主笔，笔画较少的、位置偏离中心的构件由于书写的习惯会被省略。“時”为了将左右构件连接，改变了左侧构件“日”的书写笔顺；“尉”为了书写的便捷，省略左侧构件下半部分，由中间部分的横画与右侧水平位置相等的构件“寸”的横画连写。

上下结构的字形构件常省略中间部分，这是为了保持汉字形体的完整性，一个字形无论怎样减省，不能失去最基本的构形，上下结构或者上中下结构的字形，无论中间部分怎样减省，起笔和收笔处要保留这个字形的轮廓或构件的形体。这是汉字系统性的要求，如果随意简省，汉字就会成为一堆杂乱无序的符号，这在理论上和实践中都是难以接受的。与今草、狂草相比，早期的草体字形保留更多的笔画和构件，因此，汉代的草体字形仍作为日常使用的字形，而今草、狂草已经不易辨识，更多的是作为艺术作品欣赏。

三、构件省变

构件的省变指草体字形构件在书写快捷的驱动下，简化为结构更加简单的构件、笔画或笔画组合体。有的构件可以省变为多种形体。有的构件省变不是一次完成，是经过多次不断的减省之后，形成一个固定的简化的形体，例如：

（一）口：一、丶、丷、⺍

构件“口”在草体字形中可以省变为“一”“丶”“丷”“⺍”等多种形体。如：

构件	省变形体	字例	篆体	隶体	草体
口	一	吏		（EPT50200）	（ESC076）
		史		（EPT08005）	（EPT05047）
	丶	君		（EPT57052）	（EPT26001）

续表

构件	省变形体	字例	篆体	隶体	草体
口	丷	害		（EPT59027）	（EPF22189）
		名		（EPT65056）	（EPT57067）
	⺍	若		（EPF22248）	（EPT51120）
		告		（EPT59060）	（EPT50022）
		名		（EPT52155）	（EPT50022）
		问		（EPT59159）	（EPF22841）

（二）言：讠、ㄴ

“言”作为构件时，被快速书写为“讠”或“ㄴ”，无法看出构件的原形。

例字	构件	省变1	省变2
	言	讠	ㄴ
語	（EPT49009）	（EPF22887）	（EPT59651）
謂	（EPF22026）	（EPT52533）	（EPF22247）
請	（EPT52161）	（EPT53276）	（EPF22200）
謁	（EPT56262）	（EPT52533）	（EPT40056）
謹	（EPF22154）	（EPT59467）	（EPT27039）

（三）貝：贝、大

例字	篆体	隶体	省变1	省变2
賢		（EPT52020）	（EPT05097）	（EPT27001）

续表

例字	篆体	隶体	省变1	省变2
賀	賀	（EPT52206）	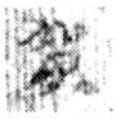（EPT52367）	缺
賞	賞	（EPF22692）	（EPT51058）	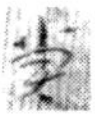（EPF22447）
負	負	（EPT52021）	（EPT52114）	（EPF22186）
責	責	（EPT50198）	（EPT51244）	（EPT05160）
貫	貫	（ESC094）	（EPT51069）	（EPT59340）

（四）門：门、つ

例字	篆体	隶体	省变1	省变2
問	問	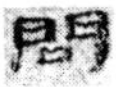（EPT59159）	（EPF22191）	（EPF22841）
間	間	（EPF22233）	（EPT59189）	（EPT59039）
關	關	（EPF22151）	（EPF22490）	（EPT20028）
門	門	（EPT40007）	（EPT02005）	（EPT65227）
閣	閣	（EPT65056）	（EPF22293）	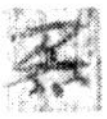（EPT59113）

以上我们分析了居延新简草体字形中出现的构件省变现象，通过对比可以发现，汉代草体字形的省变是循序渐进的简化过程，在快速书写的要求下，构件形体一步一步简化，并不是直接从一个隶体字形的构件简化为笔画或书写便捷的构件形体。例如，“言”首先省写为“讠”，再从“讠”省写为笔画“レ”；“貝”先将中间的横画简化，变为“贝”，再从“贝”省写为“大”；“門”先将中间的横画减省为一笔，左右两侧的竖画保留，变为“门”形，再将左侧竖画省写，变为“つ”形；新简中“樂”字呈现为（樂，

EPF22069），上部构件笔画繁多，在快速书写的过程中，去掉上部构件的一半形体，省变为（樂，EPT56097），在此基础上继续省变为（樂，ESC013）。由此可见，汉代字体的草化是一个有序的有规律的演变过程，在汉字形体由表示物象到表示词的音义的转变过程中，字形构件在整字布局合理、结构稳定、形体别异等原则的支配下，寻求一种最佳的形体。

四、构件符化

草体字形经过连笔、减省和变形等一系列变化后，字形中出现一些符号化的成分，在形体相近的字形中可以互相借用。

（一）

例字	篆体	隶体	省变
軍		（EPF22065）	（EPT65035）
厚		（EPT59110）	（EPT65197）
譚	缺	（EPT59069）	（EPT68025）
章		（EPT56185）	（EPT06096）
鄣		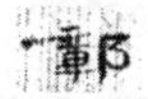（EPT52108）	（EPT02003）

新简草体字形中“軍”的构件“車”呈现为，“厚”的构件“㫗”呈现为，“譚”的构件“覃”呈现为，“鄣”的构件“章”呈现为，“章”的草体字形呈现为，这四个构件在隶体字形中笔画不同，区别明显，在草体中，由于笔画的连写和减省，形体无法与隶体笔画一一对应，甚至看不出是哪个隶体构件的草体写法，草体符号在整字中可以代替“車”“㫗”

“覃”“章”任何一个构件。

（二）

符号在“絕”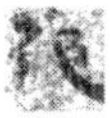（絕，EPT51426）中替代“色”，在（敢，EPT57084）中替代构件“攵”，在（耶，EPF22350）中替代构件“邑”。

（三）

符号在“（轉，EPT51467）、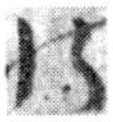（博，EPT20010）、（簿，EPT27042）、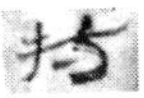（持，EPT68019）、（傳，EPT05257）中替代了构件“叀”“尃”“寺”。

（四）

草体符号在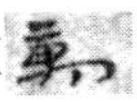（鄗，EPT56006）中替代构件“邑”。在（利，EPT51120）中替代右侧构件“刀”。

（五）

新简草体字形中的可以表示构件“口”“曰”“吅”“酉”“目”“白”，如：（名，EPT50022）、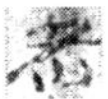（者，EPF22338）、（臨，EPT20010）、（督，EPF22589）、（酒，EPT68019）、（百，EPF22574）的字形中，“⌄”的书写顺序为先写两侧的点画，再写中间的纵向点画，分别代替了“口、曰、吅、酉”等构件或笔画组合。

（六）

新简草体“事”呈现为（事，EPT49083），“亭”呈现为（亭，EPT49094）。符号分别替代“事”“亭”的部分构件。

（七）

符号在（意，EPT27008）中替代构件“心”，在（隧，EPT44030）中替代构件“火”。

（八）

符号在（敢，EPT48025）中替代“攵”，在（記，EPT51213）中替代“己”，在（死，EPT20007）中替代构件“匕”。

（九）

符号在（臂，EPT51324）中替代构件“辛”，在（解，EPT59357）中替代构件组合“䍧”。

（十）

“甚”的草体字形呈现为（甚，EPF16039），“曹”的草体字形呈现为（曹，EPT65458），“皆”的草体字形呈现为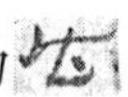（皆，EPF22191），这三个字形草化严重，其中的笔画和流线无法与隶体字形对应，流线和点画的组合“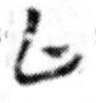”已严重符号化。

（十一）

符号在（責，EPT05160）中替代构件“貝”，在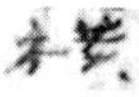（横，EPT59113）中替代笔画组合体“典”。

（十二）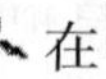

符号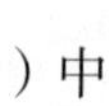在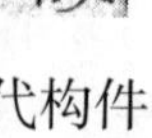（縣，EPF22200）中替代构件“系”，在（祿，EPT06079）中替代构件“录”。

第三节　整字草化程度

按照“汉兴有草书”的观点，居延新简中的草体属于早期的草体，与今草相比，字形草化的程度较低，不同字形草化的程度也不相等。有的一个字形同时有多种草体字形，有的仅在笔画层面进行草化，有的只有部分构件草化，有的整字全部草化为流线，无法看出笔画和构件。

一、与隶体杂糅

新简中有的草体字形仍按照隶体字形的结构书写，部分构件呈现为隶体，其余构件变为草体，如：（始，EPT51147），整字为八分隶的扁平结构，左侧构件为隶体，右侧构件的“口”处于隶体向草体“灬”的草化过程中。（會，EPT51203），与“始”相同，下部构件写为三个点画，但为了整字结构与隶体扁平相似，点画写为近乎直线的形态。新简中“書”的草体呈现为（書，EPT68209）、（書，EPT56007），第一种字形将下半部分构件草写为“灬”，第二种字形草写为“一”，笔画沿袭隶体横画波磔的笔法，在收笔处上挑。

二、草化古文字形

新简中有的草体字形不是来源于隶体，而是直接继承古文字形，将古文字形的笔画草化，如“天”，古文字形为（天，颂鼎），《说文》小篆作，新简中隶体呈现为（天，EPT52053），起笔和第二笔为横画。草体呈现为（天，EPT02003），通过运笔痕迹可以看出，是对古文字形的一种草化。

三、部分构件草化

新简中由两个或两个以上构件组成的字形，在草化时，只有部分构件发生草化，剩余构件的书写方式仍与隶体相同，是一种程度较低的草化。例如：新简中“諸”的隶体呈现为（諸，EPF22164），草体呈现为（諸，EPF22325），左侧构件“言”草化为“レ”，右侧构件仍写为“者”，与隶体相同。

新简中“臨”的隶体呈现为（臨，EPS4T2001），草体呈现为（臨，EPT52361），左侧构件“臣”仍写为“臣”，与隶体相同，右侧构件草化。

四、构件分别草化

构件分别草化是指由两个或两个以上构件组成的字形，在草体字形中，每个构件分别草化，然后组合成一个草体字形，构件之间并无笔画的连接或构件黏合，例如：“單”新简中隶体呈现为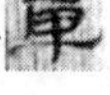（單，ESC011），草体呈现为（單，EPT48014），上部构件“吅”草化为两个点画，下部构件草化为流线，组合为草体的字形，上下构件之间并无黏合。“記”新简中隶体呈现为（記，EPT50215），草体呈现为（記，EPT52544）左侧构件“言”草化为“レ”，右侧构件草化为流线，组合为草体的字形，左右构件分离。

五、整字合成草化

新简草体字形有的采用简单的笔画和不规则的流线，将整个字形草化为一个无法识别的字形，如：（等，ESC053）、（書，EPT50069）、（與，EPT44005）、（卿，EPT59064）、（拜，EPT02005），这类草体字形已无法进行笔画或者构件的拆分，与今草字形相近。

通过以上分析，我们可以发现，就整个草体字形发展史来讲，新简中的汉代草体字形虽然已经比较成熟，但仍处在草体发展的初始阶段，由于同时期共存的八分隶字形也处于字体发展的高峰期，无论是波磔的笔画还是扁平的结构，在一定程度上都对草体字形产生影响。与后世的今草相比，新简中的草体字形系统的草化不够彻底，有的构件发生了草化，有的构件没有任何草化的形体。多数字形只草化了整字中的部分构件，甚至只是笔画的连写和变形。相对而言，参构能力强的构件的草化程度明显高于其他构件，例如“言”“艸”“門”，在新简中参构的字形较多，其自身的草化也由半草化发展至彻底草化。“言”起笔的点画保留，剩余笔画连写，半草化为“讠”，在此基础上进一步草化为符号“レ”，从“レ”的形体中完全看不出“言”的痕迹。同样，“艸”半草化为“艹”，进一步草化为“丷”；“門”半草化为“门”，进一步草化为“つ”，都体现了构件草化的完整过程。而其他构字能力较弱，使用率较低的字形的草化程度就显得相对较弱。

其次，新简中草体字形单字的草化也不够彻底，存在一字多形的现象，例如“頭”，隶体字形呈现为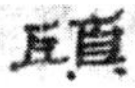（頭，EPT52170），左右构件分别出现连笔书写，字形呈现为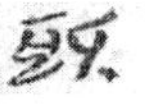（頭，EPF22351），在这个字形中，构件只是出现了笔画的连写和轻度的变形，字形与隶体相似。进一步草化的字形呈现为（頭，EPT59272）、（頭，EPT59014），构件“豆”草化为三个短笔画，末笔与“頁”的起笔连写，“頁”草化为两个笔画。更彻底的草化字形呈现为（頭，EPT20020）、（頭，EPT49051）、（頭，EPT65113），随着笔画的进一步减省和连写，最简捷的形体呈现为（頭，EPF22517），整个字形由两个笔画构成，完全草化，已无法看出隶体字形“頭”的任何成分。按照笔画的变异程度不同划分，“頭”的草体在新简中出现了至少 5 种字形，这充分说明新简中的草体单字的草化很不彻底。

第六章　居延新简文字特点

第一节　多种字体共时发展

一、多种字体并存

居延新简的文字包含篆体、隶体和草体字形，其中主流字体为隶体和草体。篆体在两汉时期已经不是主要的通行字体，不管是日常书写还是庄重场合，篆体字形都已经很少出现，即使有个别的篆字，也已经是带有隶体意味的字形了。标准的古隶在居延新简中也少有完整的呈现，更多的是处于古隶晚期，向八分隶过渡的字体。新简古隶的笔画已出现八分隶的波磔意味，方折笔形和扁方的结体也已萌芽。新简古隶通过对笔画和字形的规范调整，形成了成熟的八分隶字体，其中“蚕头雁尾”笔形的横画，收笔停顿上挑的笔法，整字扁方的结体取势，成为八分隶发展成熟的标志。

居延新简文字中与八分隶并行的是汉代草体字形。草体的笔画和构形都自成系统，有别于正规的八分隶体，在当时是主要的日常书写使用字体。汉代的草体为达到书写快捷的目的，对笔画、构件和整字布局进行了最大限度的改造，其中连笔书写和构件的减省、省变是主要的手段。有些字形省变之后与现代汉字简化字形体相同。草书作为一种变异字体，与正规字体相互影响，并行发展，在汉字字体系统中占有重要的地位。

二、八分隶为主要使用字体

通过对居延新简中的字体分类，我们已经知道，新简中有多种字体，但主体为隶体。新简处于西汉中晚期，继承了早期的古隶字形写法，如：

（見，EPT56107）、（于，EPT57071）、（西，EPT57071），竖弯笔画仍写为缓弯，收笔藏锋。“酉”的结构与古隶相同，呈现细长的走势，且没有带折角的笔画，这些都是古隶的特点。但这些笔画的细微之处又不完全是古隶的笔法，“見”的末笔有上挑的写法，“于”的末笔虽还是缓弯，但已经出现折点，“酉”的起笔也具有“蚕头雁尾”的走势。这些生动的现象表明新简中的古隶在继承早期古隶的基础上逐渐向成熟的八分隶演化。

八分隶由古隶演变而来，它的笔画一波三折，具有波挑之势，整字结构扁平，特征明显。在昭宣时期发展成熟，到元成时期更加娴熟，在东汉初期，楷体的钩画萌芽。在居延新简中可以看到书写于正式文书或封检上的八分隶，笔画较粗，用墨较浓；也可以看到书写在细长木简上的、记录日常生活的手写体的八分隶，这些足以说明，在西汉中晚期的众多字体中，成熟的八分隶无论是使用数量还是文字的成熟度都居首位。

三、草体特征明显

居延新简中的草体字形数量较多，字体成熟，韩国学者洪映熙曾有过数据统计，“新简中的1523个字形当中，有571个出现章草，占总数的37.49%”[①]。因此我们可以推测，草体字形的产生不会晚于八分隶。新简中的草体是狭义的早期草体字形，不同于后世的今草、狂草。也可以认为是快速书写的隶体字形。新简的草体在笔画和构件方面采用不同的草化方式使整字呈现出不同程度的草体形态。新简中近三分之一的草体字形足以证明汉代的草体已初具规模，并已成为当时除八分隶之外的主流字体。结合居延新简的成书地点和年代，我们不难理解草体字形在当时的大量使用是有原因的。居延是边塞军事要地，木简的书写者以当时部队吏卒为主，社会环境和社会现实要求他们在多数情况下快速记录内容。同时，我们应该了解，居延新简中，无论是八分隶还是草体，书写者除了军队的文书外，多是社会中的普通

① 洪映熙：《简析居延汉简文字在汉字史上的地位》，《聊城师范学院学报》，2001年第5期。

人员，加之居延地势偏远，这些书写者不会在很大程度上要求文字的美观和准确，只要达到记录语言和内容的目的即可，因此，草体字形具有很强的个人色彩，在当时是除了八分隶之外使用最普遍的一种实用的字体。

第二节　笔画系统开始形成

古文字的书写元素是点块和线条，汉字进入今文字阶段，笔画才开始产生。战国晚期到西汉末期，随着篆体字形的瓦解，笔画开始萌芽。东汉至魏晋，篆体成分消失，基本笔画“横、竖、撇、点、捺、折”逐渐形成。南北朝之后，随着笔画的定量定形，钩画和提画的形成，汉字的笔画系统才得到完善。居延新简所处西汉中晚期到东汉初期，是笔画系统刚刚开始形成的阶段，从对文字的分析中，也可以看到单个笔画的书写方式不固定、笔画组合量差不固定的现象，这些都是笔画系统处于发展过程中呈现出的客观状态。

一、完成对篆体线条的改造

隶体字形的笔画来源于对篆体字形书写元素的改造，由于笔画不再担负表示物象的功能，在书写便捷的支配下，笔画开始了多种发展方式的探索。隶体对篆体线条的改造可以分为单独笔画的改造和笔画组合体的改造，通过对篆体线条的拆分、重组、拼合、替换，解散了篆体“弧、曲、框、封、圈”等典型线条，形成了居延新简“横、竖、撇、点、捺、折、弯、钩、提”9 种基本笔画和 34 种不同笔形，这些笔画虽然没有完全成熟，但已经完成了对篆体线条的改造，在新简成熟的八分隶字体中已经完全没有了篆体字形线条的痕迹。

二、基本笔画开始形成

通过对居延新简文字的拆分，我们归纳出 9 种基本笔画，包括 34 种不同的笔形。写法较为固定的笔画有“横画、竖画”，由于它们的笔形简单，运笔方式自如，在书写中很少会与其他笔画混淆，是字形中较多使用的基本笔画。点画分为“顿点、圆点、竖点、撇点”4种，捺画分为“斜捺、平捺、直捺”3种。它们来源于篆体中的不同线条，在隶体字形的书写中，根据位置的不同采用不同的笔形，有时在同一位置也会采用不同的笔形，与后代成熟笔画相比，这一时期的点画和捺画的笔形丰富多样。

新简的字体以隶体和草体为主，提画和钩画在新简文字中已经出现，并呈现出与楷体笔画近似甚至完全一致的笔形，但成熟的提画和钩画其实并没有形成，从对字形的对比和分析中可以看出，提画和钩画的笔形产生于笔画的快速书写，笔画为与下一笔画快速衔接，在收笔时向下一笔画起笔的方向运笔，笔画之间形成顾盼之势。新简中虽然出现了标准形体的提画和钩画，但从其书写的位置和在同一位置使用的频率等方面分析，这两种笔画仍属于萌芽状态，笔形非常不固定，不能属于成熟的笔画。与钩画和提画相比，弯画是新简字形中使用较多、笔形固定的笔画。弯画的笔形丰富，包括“竖左缓弯、竖右缓弯、横折左弯、横折右弯、横折折弯、竖折折弯”等笔形，这些笔形在隶体字形中得到了充分的展示和使用，从历时的角度来看，弯画中孕育了楷体字形中成熟的提画和钩画，弯画属于汉代过渡时期的笔画，在当时的笔画系统中占据主导地位。

第三节　异体字形现象丰富

一、书写变异产生异写

书写变异产生的异写主要发生于笔画层面，隶体笔画在对篆体线条的改造过程中，按照篆体线条的形态，遵照相似性原则进行改造会产生一种笔画，对曲线进行合理的拆分，改变逆向笔画的书写。另外，笔画的连断、增减、共用，以及笔画组合关系的改变，都会产生不同的异写字形。笔画组合体的形体变异受汉字中成字构件和其他笔画组合体的影响也会形成异写字形。总之，新简中由于笔画书写变异产生的异写字形数量较多，这是由于新简文字书写的历史时期处于今文字形成的初期，笔画系统萌芽，并逐渐形成，笔画系统中的笔画和笔形数量丰富，形体各异，笔画对不同演变形式的多途探索导致异写字形众多。另外，新简文字是手写体，不同书写者对文字的认知水平和书写习惯也是导致异写字形产生的重要原因。

二、演化不规则产生异写

从历时的角度分析，新简文字的笔画和构件的形体均处于演化的过程中，笔画的演化体现在笔形的改进和笔画的逐渐定形，构件的演化在新简文字中呈现为多种不同的演化形体共存，对于一个单字来讲，构件演化过程中的不同形式形成这一单字的不同异写形体。例如构件“彳”，位于整字左侧时，末笔写为竖左缓弯。在字形演变中，“彳”的末笔拉直变为竖画：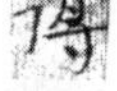（得，EPT49046）；受上部撇画的影响，变为左下出锋的撇画，与上部两笔画相似：（得，EPT65036）；在快速书写时“彳”变形为三个点画，与“水”的简化形式“氵”同形：（得，EPT59030）；有的字形中减省为两个点画：（得，EPT65033）。这些不同的“得”字形体属于构件在演化过程中产生的异写字形。再如“止”，在书写快捷的支配下，左侧笔画连写，产生变异形体“止”，笔画拉直变异为“⺊”，进一步草写为“⺌”，与“艸”的草化形体同形，构件从“止”的字形于是出现从“⺌”的异写字形。

新简中形体混同的构件多达55组，由这些构件产生的异写字形不胜枚举，在这些演化的过程中，有些形体源于书写者个人书写差异，这种差异逐渐被其他书写者和字形识读者认可，在字形演化中逐渐固定下来长期使用。

三、构件变换产生异构

居延新简异体字数量庞大，类型较多，除了由于书写和演化的不规则而产生的异写字形之外，构件变换产生的异构字形也是异体字形重要的组成部分。新简中构件换用包括意符换用、声符换用、声符换为意符的现象，意符换用多为意义相通的构件，如“口”“月（肉）”，“缶”“瓦”，有些构件不仅意义相通，且形体非常接近，如“又”“叉”，“厂”“广”，这些构件换用形成了异体字形。声符换用中的构件“逢”“蓬”，“氏”“民”形体也极为接近。理据重构的字形6例，涉及构件“寸”“刀”，“亻”“彳”，“犬”“工”等。

新简中由于书写和演化的不规则而产生的异写字形和构件变换产生的异构字形共同组成了数量庞大的新简异体字形。与吐鲁番文书对比，异写和异构的现象仍为少数，一些后代混同的构件在新简文字中仍书写分明，区别明显，这也说明两汉时期的文字，在解散篆体之后，无论是笔画形状还是构形模式仍处于多途探索的过程中。就新简文字自身而言，异体字现象丰富是这一阶段字形的主要特点之一。

第四节　字形趋于简化

新简文字的简化包括笔画的简化、构件的简化和整字书写的简化。笔画的简化包括笔画的连写、减省和改换。笔画的减省是最直接的简化字形的方式，例如构件“馬”的笔画组合体“灬”，在新简中呈现无规律的减省笔画，“豆”的笔画组合体“丷”减省，不但使整字形体变得简洁，在书写时也会提高整字的书写速度。

连笔书写出现在草体字形中，连笔将两个以上的笔画连为一笔，从笔画的总量来讲也等同于减少了整字的笔画数量。笔画的改换在隶体和草体字形中都有呈现，例如“匃”的字形呈现为（匃，EPF22222）、（匃，

EPT68020），第二种字形的右侧笔画横折左弯改换为近似横钩的笔画，笔程缩短，书写便捷。笔画的连写、减省和改换这几种情况往往同时出现在一个字形中，不能作出严格的划分。

构件的简化体现在构件本身演化的趋简和草体字形构件形体的简约。新简字形构件演化共计14组，其中构件“艸”“止”“癶”“竹”“从”等形体均演化为“䒑”形，这与“䒑”的形体简洁、书写快捷相关，其余构件也多演化为笔画数量少、笔形书写简单的形体，体现了构件的简化趋向。

从整字层面分析，构件的减省是直接简化字形的主要方式之一。新简中意符单独减省和声符单独减省的字例共计21例，二者同时减省的只有2例，构件减省的字例数量远多于构件增加、整字重构的字例。此外，草体字形与简化是相伴而行的，草化是简化的主要方式，新简草体字形中笔画的连写和减省、构件的黏合和省变、整字的轮廓化和符号化，是导致字形简化的主要手段。

新简中常见的重文符号为两个短横画上下书写“こ”，例如：（死，EPT20005）、（死，EPT20006）、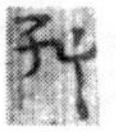（罪，EPT20005）。简文“當死叩頭死＝罪＝（20·7）”的完整书写应为“当死，叩头死罪死罪”，符号“こ”代替了重复书写的“死罪”二字。

新简的行文是纵向书写，在简文中有大量合文出现，合文多采用一个笔画将上下两个字形合为一个整体，共用部分不再书写。此外，居延新简中有部分字形的纵向笔画书写长度增加，在前文我们已有论述，这种特殊的写法有辅助标点段落的作用，是一种结构形式的简化表现。

综上所述，居延新简的文字是仍处于演变中的字形，形体包括篆体、古隶、八分隶、草体，在演变后期还孕育着楷体和行书体。异写异构字形众多，在对字形的探索中初步形成了汉字的基本笔画，整体文字呈系统化，趋于简化。

第七章　居延新简字体演变动因和影响因素

第一节　字体演变动因

一、汉字构形依据的变化

汉字从甲骨文演变到楷体，字形发生了很大的变化，王贵元先生指出："汉字形体演化的历史总体上可以战国中后期隶书产生为标志，划分为两大有本质区别的阶段。隶书产生以前，汉字构形依据的对象是物象，字形是物象的映射，故其形体以象形、一物多形为根本，具体创制法是'画'。战国中后期隶书产生，其根本原因是汉字构形依据的对象由物象转换为词的音义。这一转换恰似釜底抽薪，否定了汉字形体象形和一物多形等现象的存在价值，在快速书写等实际需要的触动下，汉字的具体写法由'画'变成了'写'。"[①]也就是说，"古文字阶段字形构造的依据是物象，今文字阶段字形构造的依据是词的音义。古今字形的转变其核心动力就是构形依据由物象到词的音义的转换"[②]。

汉字发展阶段与基础构形单位对应关系表[③]

发展阶段	古文字阶段		今文字阶段	
构形依据	物象		词的音义	
形体特征	象形	亚象形	隶体	楷体
历史时代	商至西周	春秋至战国中期	战国后期至东汉	三国以后
构成要素	点（块）、线条		笔画、构件	

① 王贵元：《汉字形体演化的动因与机制》，《语文研究》，2010年第3期。
② 王贵元：《汉字发展史的几个核心问题》，《中国语文》，2013年第1期。
③ 参考王贵元：《汉字发展史的几个核心问题》，《中国语文》，2013年第1期。

构形依据的改变为由篆体向隶体的转变创造了条件，由于脱离了物象的限制，书写者按照自己的主观意愿改写字形的余地大大增加，这种情形下不同的书写目的就可能推动字形向不同的方向发展，从而形成不同的字体。由隶体向行书体、楷体字形的转变就是这样完成的。这种变化最初都是在文字的书写元素层面萌芽，进而影响到构件的组成乃至整字的形体布局，最终导致字体分化的产生。

居延新简的文字在时间上始于西汉中晚期，终于东汉初期。从字形上看，居延新简的字形真实再现了由古隶向成熟的八分隶演变的过程。这其中古隶字形中的象形成分消失殆尽，笔画的形状和整字结构都带有了明显的八分隶字形的特征。笔画系统的逐渐形成和成熟的八分隶字形的产生，都是由于字形不再表示物象，转为表示词的音义，笔画不再需要对物象进行描绘，隶体对篆体线条的改写、草体对隶体笔画的改造方式不再唯一，字形进入多途探索的快速发展阶段，因此字形的发展在这个时期更注重书写的便捷和整字结构的布局方正、美观平衡，在脱离了表示物象的限制之后，笔画越来越符号化，快速书写成为导致字体变化的主要支配原则。

二、正规字体与变异字体的交替发展

正规字体就是所谓的正体，指使用于庄重正规的场合、形体相对规范典雅的文字。变异字体就是俗体，指相对于正规字体而言，书写简便随意的文字。变异字体形成于对正体字形的快速书写，“变异字体是汉字速写的结果，它的特点是在不同程度上改变正规的笔顺，尽量缩短笔程，结构也就相对简化，它的结构是对正规字体结构有系统的变异”①。变异字体与正规字体同时通行，相互影响。居延新简中的古隶的草写进一步发展即形成汉代的草体字形。八分隶是对古隶的规范和正形，形成了工整的笔画系统和字体结构。在书写便捷的驱动下，工整规范的八分隶的写法日渐草率简捷，形体风貌也逐

① 王宁：《汉字构形学导论》，商务印书馆，2015年，第3页。

渐变化。居延新简中的正规字体和变异字体在这种相互影响相互制约的条件下，各自在一定的历史时期据汉字的主导地位，共同谱写两汉文字形体发展的历史。

第二节 影响字体演变的因素

一、行款对字形的影响

行款指文字的书写顺序以及多个文字书写成行列时，单字之间、行列之间的排列顺序、方向和位置。换句话说，行款包括字序和行序两部分内容。行款的形成与人的肢体书写生理习惯息息相关。书写时一般右手执笔，自上而下、自左向右的书写会顺畅流利，如果自下而上，则不仅费时而且不易控制笔形。在书写单字时，起笔多从左上端出发，或者从上端的中间出发，这是单字内部的书写顺序。例如，书写“行”字，首先从“彳”的左上角起笔，书写完“彳”之后再写右侧的“亍”，两个构件的书写都是自上而下，整字的书写顺序是自左向右。行列之间的排列顺序，我们称之为行序。汉字的行序在历史演变中存在两种形式，第一种是自右向左竖排，第二种是自左向右横排。古代行序自右向左排列，“汉字的行序不仅在书写生理上是不自然的，而且在写字过程中也会带来许多不便。一般写字用右手、行序却左行，写过的字很快会被书写的手掩住，写字的人对已写过的字的字数多少、字形大小、行的偏正，都不易顾及”[①]。

汉字这种自右向左的行款使用时间很久，与汉字的书写材料竹简息息相关。文字学家王凤阳认为，按照史书记载，竹简是单支书写完毕之后成批编制成册，由于人体右利手的习惯，编制书写好的竹简时，一片一片按顺序编

① 王凤阳：《汉字学》，吉林文史出版社，1989年，第733页。

入，成型之后为自右向左的顺序排列。即使是先用绳编好空白的竹简片，之后再书写，最终也是自右向左的顺序。因为编好的空白竹简是卷起来的，书写时慢慢展开，由于需要给右利手书写腾出一定的运笔空间，竹简要自右向左逐渐展开，如果是自左向右展开书写，那么拿笔的右手小臂下面会一直有大卷的竹简支撑，不利于文字的书写。这种行款排列习惯一直影响到新的书写材料产生之后的汉字行款，汉字在帛书和纸张上的行序，有很长时间还是按照竹简的顺序。直到新文化运动之后，受西方文字横排影响，汉字才改为自上而下、自左向右的横排模式。

（一）行款使字形变得方正

汉字通过改变单字构件位置、减省构件、增减笔画等方式，一直在将一些形体复杂的字形逐渐变得方正美观，适合在不同的材料上快速书写。

从甲骨文时期，行款就对汉字形体的演变产生影响。古文字字形，“有一部分字因为横着写占的面积太大，它的结构的一部分就往往省去，例如（戎）象一个人一手执戈，一手执盾，这是一个会意字，后来省去人形变成（盂鼎），小篆写成（即，小篆误为），隶书、楷书又变成‘戎’。又如减省成‘韋’，减省成，都属于这一类。也有一些字横着写占了过多的面积，于是把它的向左右两边突出的部分移在下面来适应直行书写。例如，‘典’字，图画文字阶段写成，甲骨文就把‘一双手’移在下面，写成”①。到金文时期，行款进一步整齐，通过调整不够方正的字形构件位置和数量，进一步优化了汉字形体结构。到小篆时期，汉字的每个字都写成长方形，笔画均匀分布，行款整齐。隶体字形产生之后，字形由长方变为扁平结构。

① 梁东汉：《汉字的结构及其流变》，上海教育出版社，1959年，第70页。

（二）行款改变笔画的形状

在居延新简中，有些字形的最后一笔，将篆体原本竖直的笔画写为竖弯笔画，有的甚至出现竖钩的笔势，除了前文所讲，是由于书写便捷，与该字内部下一笔画的衔接之外，还可能是受到整篇文字书写的行款影响。例如：“行”的最后一笔笔画，按照常规隶书对篆体笔画的改写，最后一笔应写为长竖画“丨”，整体字形为“行”。例如：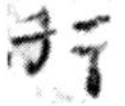（行，EPT03010）、（行，EPT14001）汉简的行序为自右向左，自上而下，而单个汉字书写起于整字的左上角，所以，类似于“行”之类的字形，在最后一笔竖画书写完毕后，应向下一个字的左上角运动，那么最后的竖画自然带出向左弯的笔势，有的直接写为竖弯，甚至有竖钩的趋势。例如：

行：（行，EPT05271）、（行，EPT51064）、（行，EPT51229）、（行，EPT52398）。

十：（十，EPT05067）、（十，EPT04020）、（十，EPT07001）；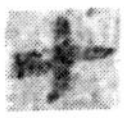（十，EPT08007）。

千：新简中“千”的最后一笔竖画的写法，大部分为竖弯，有的已经明显将最后一笔竖弯写为竖钩，只是数量较少，竖钩笔画尚未大量运用于字形中。虽然“千”字的竖画并未写为竖钩画，通过“千”，可以大致推断出竖钩笔画的演变方式为：

第一，将竖画末端向左倾斜：（千，EPF22185）、（千，EPF22176）。

第二，通过加长弯笔长度，使得尾部倾斜越加明显，写为接近九十度的竖弯：（千，EPS4T1014）、（千，EPF22183）、（千，EPF22503）。

第三，竖弯的弯画向上倾斜，竖弯的角度逐渐缩小，出现钩状：（千，EPT65035）、（千，EPS4T1014）、（千，EPS4T1014）。

第四，形成竖钩笔画：（千，EPT51491）、（千，EPT52220）、（千，EPT57003）。

（三）改变字形作为行款标识

在居延新简中，还有一种特殊的字形，最后一笔笔画为竖画的汉字，将竖画向下加长，使整个字形的长度变为原字形的两倍以上，呈细长形状，例如：

例字	年	谭	罚	刺	算	可
新简字形	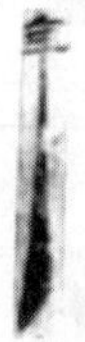（EPF22282）	（EPT68003）	（EPF22558）	（EPT50200B）	（EPF22703B）	（EPT59536）
例字	案	之	令	部	印	明
新简字形	（EPT68038）	（EPT53029）	（EPT52090）	（EPF22574B）	（EPT52613B）	（EPT53083A）
例字	两	常	何	府	拜	簿
新简字形	（EPT59019）	（EPF22338B）	（EPT59075B）	（EPF22151）	（EPT56142B）	（EPT58092）

通过对简文中“年、谭、罚、刺、算、可、案、之、令、部、印、明、两、常、何、府、拜、簿”等字加长笔画写法的分析，可以看出，这种写法不是个人习惯，而是有一定的标识作用，其中“谭、罚、刺、算、可、印、两、常、簿、令”的所有纵向笔画加长的字形全部出现在简尾。加长的笔画占据了竹简下端的空白处，表示竹简内容书写完毕，以下无内容。

年：“年”字在居延新简中共计出现 498 例，有 63 例是末笔加长的写法，“年”字并不出现在简文的末尾，通常使用于纪年简的开头部分记录时间，其后书写月份。将“年”字加长，可以使得年号和年份更加醒目，使纪年简纪年的作用突出。

两：“两”的字形比较特殊，所有上下方向运笔的笔画全部加长。下图简（EPT59019）释文及原图如下：

◎（EPT59019）

韣衣橐。

皁布復絝一兩。

犬皮絑二兩，受都內。

革緹二兩。

枲履一兩。

◎（EPT59019 释文）

从简文的内容看，记录了戍边部队士兵的军装和数量。全部文字在整个竹简上的分布是自左向右分为四列，从上到下分为两部分，上半部分是“韣衣橐”，剩余文字为下半部分，其格式如上右图所示。下半部分的简文，每列的字数不等，书写者为了使每列所占的长度相等，将左边的两列文字长度加长，加长的方法是将最后一个字“两”的形体变长，将“两”的所有上下方向的笔画加长，长度到与右侧的“内”字相差无几。这样整支简的行款布局显得工整美观。而上半部分“韣衣橐”的字数较少，只有 3 个，书写者将字体放大，写为标准的八分隶，这 3 个字形占据整个竹简的一半位置，与下半部分文字平均分布于整支简当中，增加了整体的美观性。

令：“令”在新简中可识别的共计 283 例，有 62 例是末笔加长字形，占 21.9%。右图简（EPT48007）的释文为：

三月癸未甲渠守候博移居延冩移如律令 / 守令史骏

（EPT48007）

全部释文可分为两部分，“如律令”是汉代官文诏书的常用语言，表示按照法律执行，用于诏书或檄文的末尾处。因此，第一部分的最后一个字是“令”，为了在行款上与第二部分内容分开，“令”的末尾笔画加长，整字形体变长。第二部分的“令史”是一个词，所以“令”的笔画正常书写。

◎（EPT48007）

簿：“簿”表示记录内容的册子，新简中有记录吏卒日常生活工作的日迹簿、记录兵器的器簿、记录钱财穀粮的穀簿等等，例如：

☐物出入簿如牒敢☐ （EPT10027）

☐远燧仓建平四年十二月谷出入簿 （EPT43063）

吞远候长王恭持兵簿诣官校 ☐ （EPT43070）

永光四年八月戊申朔丁丑临木候长☐

谨移吏日迹簿一编敢言之 （EPT48001）

◎（5·14）

元康三年十月尽四年

九月戍卒簿

◎（5·14 释文）

◎（5·16）

肩水候官

禀名籍

穀簿

歲留☐

◎（5·16 释文）

这是居延汉简中的两支简。编号为（5·14）的简上只有两列文字，第一列“元康三年十月尽四年”共计9个字，第二列“九月戍卒簿”只有5个字，字数相差近一倍，右侧文字书写紧凑，表示年号年份的“年”字也受简的长度限制，末笔采用正常笔画的长度。左侧末尾的“簿”字笔画延长，笔形加粗，虽未能达到与右侧完全等长，也已经使全简文字左右平均分布，结构平衡许多。

编号为（5·16）简的上半部分是使用八分隶字体书写的“肩水候官”，此不赘言。下半部分文字分为三列，每列字数不等，从内容看，应为簿籍手册的名称。中间“穀簿”二字，为了与右侧“稟名籍”长度相等，将簿的构件“寸”的竖弯笔画向下延长书写，直至与右侧长度相等。整支简的文字安排布局长度相等、行款美观。

新简中各种不同的簿册均有专名，“簿”字在简文末尾处时，构件“寸”的竖钩笔画往往向下写的很长，表示这里是结尾处，彰显出簿册的名称。如果在句子中间，“寸”的竖钩笔画不会加长。

印：简（EPT52118）的释文为：

●毋都侯□□为毋都王相□丞簿

☑　□□□□□□□□□□□毋都王相刻印曰毋都相印

丞一人秩□百石如故今更为毋都王丞印章曰毋都家

丞故印　　　　　　　　　　　　　　（EPT52118）

◎（EPT52118）

简文的第一列已漫漶不清，第二列和第三列的后半部分字形经过辨识可以确定。从简文的文意可知，第二列和第三列单独成文，所以最后一个字“印”的笔画加长，表示此列单独为一个段落，不与下文相连，而且“印”下也再无文字书写。

在居延新简中，除了有在末尾字形笔画加长的写法之外，还有少数的字形为上部的笔画加长，例如：

例字	方正字形	释文	加长字形	释文
赏	 （EPT58033）	●甲渠候长赏部元康二年四月戍卒被兵名籍	 （EPT50001B）	初虽劳苦卒必有意愍愿忠信微密佼言言赏赏
常	 （EPT59044）	南书一封居延都尉章诣大常府 ☐	 （EPT52193A）	☐ □房九百七十少三百卅 郭子明牛头☐ 君仲百七十 常长心羊□ ☐
告	 （EPT59060）	四年……马严行丞事敢告部都尉卒人谓 ……候□□□靡散至冬寒衣履敝毋以买故令候	 （EPF22571）	☐告候官隧 ☐ ☐传斧一枚诣☐

字形的上部笔画加长写法的作用与下部笔画加长的写法一样，表示此处是简文的开始之初，以上没有文字书写。这样的写法在新简中较少，更多的是采用实心圆点作为句首标记。

◎（14.1）

●肩水候官地节□四年计余兵穀□财物簿毋余船毋余茭

◎（14.1 释文）

◎（24.2）

第廿三部卒十二月
禀名廿二人……

◎（24.2 释文）

居延汉简编号为（14·1）的简，形体狭长，只有单列文字，在整支简的三分之一和三分之二处有明显的封检凹槽痕迹。为便于说明，将此简按照凹槽划分为三段简文，第一段为“肩水候官地节”，第二段为“四年计余兵穀”，第三段为“财物簿毋余船毋余茭”，是封检凹槽符号。第一段中的地节为汉宣帝年号，将末尾“节”字竖画加长，突出标识简记录内容的时间。第二段文字说明本簿主要记录内容是兵和穀，将兵穀放在第二段，将财务放在第三段，穀字作为第二段的末尾文字，书写者将本为左右结构的“穀”字，右侧构件“殳”写到了左侧构件的下方，整体字形变为上下结构，这是字形为迎合行款的需要而作的结构调整。

简（24·2）的上部第一部分文字分为两列，右侧为“第廿三部卒十二月”，左侧为“禀名廿二人”，为使左右两列文字长度整齐划一，“廿二人”三个字形的写法放大，长度增加到与右侧等长，这也是出于整体文字的行款美观而进行的文字形体改写。

◎（82·18A）

建昭元年十月尽二年九月
大司农部丞簿録簿算
及诸簿十月旦见

◎（82·18A 释文）

◎（82·18B）

建昭元年十月尽二年九月
大司农部丞簿録簿
算

◎（82·18B 释文）

上图一支简的正反两部分，反面（82·18B）的释文全文分为三列，第三列只有一个单字“算”，为了行款的平衡美观，书写者将“算”的末两笔笔画加长，长度延至与右侧两列文字等长。在此简的正面文字，与背面文字内容大致相同，排列方式相同，分为三列，“算”字位于第二列的末尾，与第

◎（EPT50001B）

三列末尾的“见”字相同，都是通过延长竖向笔画长度的写法将字形改变，使三列文字长度相等，平均分布于整个简的平面上。

（EPT50001B）简释文：

初虽劳苦卒必有意慭愿忠信微密侠言言赏赏

最后两个字分别书写为向上延伸笔画和向下加长笔画，使得两个字的上下没有空隙填写其他文字。同样，上表中的“常”和“告”都是句首字，将笔画向上延伸，表示此处为句首，之前并无文字，是一种段落的标记。而同样在句子中间出现的“常”和“告”的笔画是不会有加长写法的。

在出土的汉简上，有许多起不同作用的标号。“可分为两大类：一类是书写者于钞录经文时所同时并录的，表明篇、章、句所在者；一类是诵习者所作的钩识。兹并述如下：

□ 扁方框，附篇号，见甲乙本〈服传〉的‘记’的开始，以代替今本‘记’字。在简端。

● 大圆点，附篇号，见丙本〈丧服〉的‘记’的开始，作用同于扁方框。在简端。在简端的中圆点作用同于大圆点，即章号。

• 中圆点，章句号。其在简端而其前一简未足行而已完章留空白者，为章号。其在简行之中两字之间只占一字地位者为句号或节号。甲本〈服传〉，章号与句号有所区别：章号近乎方或椭方，句号是中圆点。〈少牢〉第二十二简及〈有司〉第七十三简的句号作近乎方框形。

○ 圆圈，章句号。作用同于中圆点。乙本〈服传〉章号、句号同用此。它篇以中圆点为句号者，亦间用圆圈代替，如甲本〈服传〉第三十一简用作章号。〈特牲〉第五、三十一等简用作句号。

▲ 三角形，章句号。见甲本〈燕礼〉第一简简端及第二十一简简行中，作用同于中圆点。

续表

· 小点，题目号。篇题及尾题上多有此小点。王杖十简中八简在简端有此小点。敦煌、居延所处汉简往往有之。

= 重文号，在所重之文下。”[①]

居延新简中除了有以上标号外，还出现了“／”“△”“∠”“卩”“S”“丿”等符号，最常见的是符号“卩”。

卩：新简中可识别的共计51例，其中近半数的写法为末笔加长，如：（卩，EPT51060），这个标号用于简尾，通常是边塞官兵领取粮食、物品、俸禄等的标记，在记录某人领取某物多少数量之后，末尾加上符号“卩”，表示领取完毕，例如：

第桼隧卒杜常八月食三石三斗三升少八月己未自＝

取　卩　（7·2）

竖画的向下延伸，也使竹简下面的空白处不能再书写其他文字，避免添加与实际不相符的内容。

由此可见，汉代成熟的篇章也有分段标记的必要，但当时尚未产生一套固定的符号标记方法，即使上文所说的实心圆点、圆圈、三角形、“卩”等符号，也只是在篇章前端、题目前后等位置使用，简要地对文章结构进行划分。居延新简中的通过加长字形笔画的长度来标识段落，整理全文布局，不失为一种便捷的可行的方式，虽然并未形成固定的格式，但这也是古人想要对篇章句子进行细致的结构划分的表现和一种尝试。

二、笔顺对字形的影响

笔顺是一个单字的组成笔画的书写顺序。人们按照书写时的生理习惯总结出惯用的笔顺规则有七类：“先上后下，先左后右，先横后竖，先撇后捺，先中后旁，先外后内，先进后关。”[②]这个规则不是一成不变的，在具体

① 陈梦家：《汉简缀述》，中华书局，2004年，308页。

② 王凤阳：《汉字学》，吉林文史出版社，1989年，248页。

的每个字形的书写时还要灵活运用。合理的笔顺书写会缩短笔画之间的运笔距离，书写顺畅，整字形体结构稳定方正。汉字从商代至战国中期，形体以象形和亚象形为主要特征，字体的书写由点（块）线组成，整体字形以“画”出物象为主，文字线条的形状和数量都不固定。到战国后期的今文字时期，字形不再是物象的反映，随着笔画的产生和日渐成熟，汉字进入真正的“书写”时代。一个完整字形的书写就是将笔画按照一定的顺序组合建构成字的过程，笔顺反映了字形的建构顺序和过程，每个笔画的书写具有顺序性、方向性，全部的书写过程是不可逆的。笔顺之顺，是顺应手的生理习惯之义，当笔画的顺序与手的书写习惯相符合时，书写者会感觉书写顺畅，一气呵成，随着笔画之间的停顿，自然会形成顾盼、暗连的笔势。在古文字时期，一个字形具有多种不同的写法，笔画的形状尚未固定，笔顺之间的关系疏远。今文字时期，随着笔画的定量定形，字形也越来越规范，笔顺的规则对整字形体的重要性也越来越突出。从甲骨文、金文到小篆，字形中的点块和线条的写法并不严格，从字形内部也看不出书写元素的书写顺序，只要整体字形正确即可。例如“至”的小篆形体 ，上半部分的线条ɣ可以从左上端向下运笔写起，经下部画圆，从右上端斜出书写完毕，也可以从右上端向左下方写起，经过画圆，从左上端斜出书写完毕；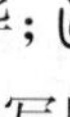可以先写ɣ再写外部的∪，也可以先写外部的∪再写内部的ɣ，对线条的书写顺序没有严格的规定。而到笔画定形之后，“至”的笔顺一定是“横、撇折、点、横、竖、横”，即：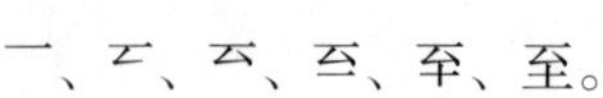。再如“馬”的小篆 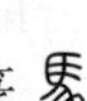，先写“馬”的轮廓“”还是先写头部“”，顺序并不固定。今文字时期，“馬”的笔顺固定为“横、竖、横、横、竖、横折钩、点、点、点、点”，即：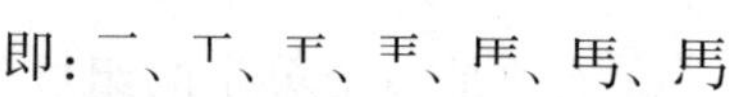、馬、馬、馬。

从隶体到楷体，汉字的形体去掉了象形的痕迹，字体结构越来越方正，笔画越来越平直，每个字形的笔画书写顺序也逐步固定。在隶体和楷体中，从字形的平面所体现的笔画的顺序不是非常明显，隶体几乎看不出笔顺，楷体从每个笔画的头尾所形成的顾盼之姿，可以看出部分笔画的顺序。在草体和行书体中，笔画的牵扯连接清楚，由笔画的姿态或是笔道可以直接判断出一个字形的笔画顺序。即使像今草这样的字体，无法区分具体的每个笔画，但是仍然可以分析出笔顺。例如：（地，EPF22697）、（負，EPF22186）。

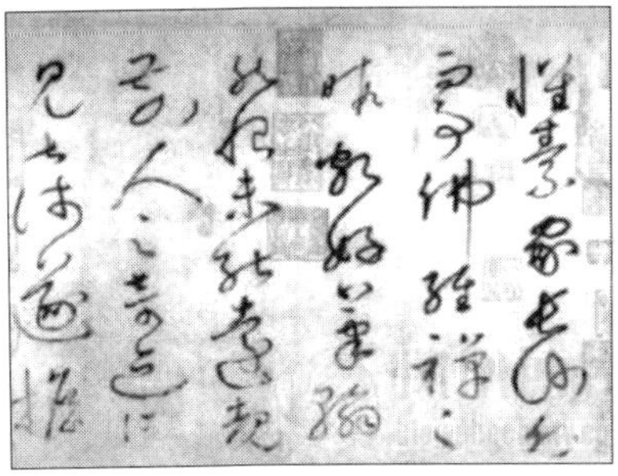
◎［唐］怀素《自述贴》

◎［晋］王羲之《兰亭序》

汉字的多种字体中，按照书写速度划分，草体和行书体属于快速书写的字体，书写的快速有多种因素，包括简化构件、笔画的变形等，笔顺的改变也会影响整字书写的速度和笔画的形状，进而影响字形的改变。例如，“程”左侧的构件“禾”的笔顺为：丿、𠂉、千、禾、禾，而在草书中，为了加快书写速度和运笔的顺畅，书写完第一笔撇画之后，顺势书写竖画，竖画完毕后向左回钩起笔再书写横画，横画的结尾处与左下方的撇画距离接近，于是，紧接着书写撇画，最后是点画，在居延新简中已经出现这样的写法（程，EPT59699）。“里”“至”等字的笔顺，末三笔为横竖横，在草体或行书体中，为缩短笔画之间的书写距离，将末三笔改为竖横横的顺序：（里，EPS4T2008）、（至，兰亭序）。此外，一些半包围结构的字形，在快速书写的时候也会改变笔顺，例如，“臣”的正常笔顺为“横、竖、横折、横、竖、竖折”，在快速书写时，将笔画竖折拆分为竖画和横画两个笔画，首先书写左侧的竖画，其次将剩余笔画连续书写，笔顺变为“竖、横、竖、横折、横、竖、横”：（賢，兰亭序）。“咸”的笔顺为“横、撇、横、竖、横折、横、斜钩、撇、点”，在快速书写时，如果先书写第一笔长横，写完之后笔已行至右侧，再回到左边书写一撇，这样的写法固然能将字写得方正，但是会限制整字书写的速度。如果先将左侧的撇画书写完毕，再集中书写整字的右侧部分，行笔会更加流畅，笔顺为“撇、横、横、竖、横折、横、斜钩、撇、点”：（咸，兰亭序）。

由于笔顺改变，整字的书写速度加快，单独的笔形为顺应这种变化，会出现方向或长度的改造。“集”的末笔本为一撇一捺分布于左右侧，由于书写加快，采用了两个点画的写法（集，兰亭序）。“长”的末笔本为一个出锋的捺画，在行书体中，改写为向左收笔的长捺点，也是出于笔画的牵连和书写的速度加快的目的。“此”字在行书体中将笔形改写为上下方向，将原本两个独立的构件笔画连写为一长横，大大提高了书写速度，而整字的结构稳定性也没有受到影响：（此，EPT27022）、（此，兰亭序）。“林”的左侧构件“木”的末笔已经完全与上一笔撇画、下一笔横画连接为一个笔画：（林，兰亭序）。

从认知和心理的角度分析，笔顺是汉字书写时笔画的次序和方向，是整字笔画空间位置加工的反映。据心理学实验结果显示，“符合书写笔顺的笔画组反应时明显短于不符合笔顺的笔画组，且错误率降低”[①]。也就是说，笔顺会影响人脑识别汉字形体的速度，这也说明笔画的顺序，应该是符合人对汉字整体的认知和在不影响字义的前提下最适合人手生理习惯的最便捷的笔画连接顺序。

---

① 罗艳琳、王磊峰、李秀军等：《笔顺与笔画数对汉字构成过程的影响》，《心理科学》，2010年第3期。

三、书写载体和书写工具的影响

（一）书写载体对字体的影响

汉字的书写载体从古至今经历了甲骨、陶器、青铜器、帛书、竹简、木牍、石碑、纸张的历史过程。

汉代的主要书写载体是竹简和木牍。简牍形体狭长，幅宽较窄，大部分宽度都在 1 厘米左右。简牍的纵向纹路使毛笔在书写横向笔画时会遇到阻力，书写时首先需要稳定笔尖位置，之后向上用力，运行完横画的中间笔程，在收尾之时，毛笔的笔尖到达竹简的右侧，呈向下之势，阻力减少。汉代隶书的“蚕头雁尾”之形借助简牍载体得到了有效的发挥。

而简牍狭窄的形体也给书写造成一定的不便，在狭窄的简上书写越多的汉字，每个汉字的形体会越显得拘束，笔画的形状和完整性会改变，例如：

◎（5 · 9+306 · 4A）

◎（3 · 2）

◎（12 · 1C）

◎（16 · 12）

◎（59 · 34B）

以上五支简释文如下：

未朔乙酉张掖肩水肩水……（5 · 9+306 · 4A）

故居延令史（3 · 2）

……大……（12 · 1C）

处令吏民尽知之……（16 · 12）

见器物名（59 · 34B）

通过对简上的字形分析可以看出，简的窄幅使字形中向右书写的笔画尾部常常超出简的范围，特别是最后一个笔画，其中又以捺画为主。如果有充足的书写空间，捺画的完整笔形应该在尾部有顿笔，之后以露锋收尾。但是由于简牍狭窄，根据笔势和墨迹的浓淡分析，很多顿笔之后的露锋已经书写到简牍之外，如简（5·9+306·4A）上的第一个“水”字；简（3·2）上的“延”“史”，简（59·34B）上的“見”，末尾的捺画都有一个特点，仿佛被用利刃纵向切断，实际情况是书写至简外。有的书写者为了尽量在简牍面积之内完整书写字形，不得不缩短笔程或者对笔画的形状进行微小的改动。例如简（12·1C）上的“大”字，末笔本应书写为捺画，而在此处被改写为一个很大的顿点收尾，不再露锋。简（16·12）上的“处”“民”“之”末笔的捺画和“令”的捺画都写得很直，笔形的尾部是用藏锋的笔法书写，成椭圆弧形，也没有笔程较长的露锋，更像一个长长的顿点，这样书写使整个字形能完整书写在简牍范围内，又不会让阅读者看不懂文字。显然这是一种有意识的对笔画的改写，可见，书写载体在某种程度上可以对字形产生一定的影响。

（二）书写工具对字体的影响

汉字的书写工具指书写汉字形体使用的器具。包括刻刀、毛笔、钢笔等。按照材质和书写方式不同可以分为镌刻和书写两类，书写工具以刻刀和毛笔为代表。刻刀刻字集中在古文字时期，是由于特殊用途而采用的特殊书写方式。商代占卜使用质地坚硬的龟甲兽骨，其上书写的文字，是使用利器刻画而成。无论是铜制还是石制的刻刀，这样的书写工具坚硬又锋利，在龟甲兽骨上刻写出的文字，线条较细，生硬刚直，棱角感强，方直线条的笔形较多，有些不易刻写的实心点块也用线条代替。“金文因为是制范时先用笔写在软坯上然后刻铸的，所以带有毛笔书写时的浑厚自然的特点，线条有粗有细且有锋芒。”①

据出土文献数据记载，毛笔历史悠久，早在商代就已经使用。21 世纪 90 年代，在我国河南省出土的商代陶片上，有用毛笔蘸朱砂书写而成的汉

① 王凤阳：《汉字学》，吉林文史出版社，1989年，第110页。

字，虽然只有8个汉字，但字体结构工整，行笔书写顺畅，笔道清晰，“与安阳殷墟出土的朱书文字和甲骨文字一脉相承，是我国现在发现的最早的书写文字”[①]。毛笔的种类丰富，制作型材多样，质地柔软，在书写汉字时更加便利。蔡邕《九势》中提到“惟笔软则奇怪生焉”。书法家通过提笔、按笔、下压等笔法的运用，产生不同风格的书法作品。但随着书写速度加快，笔法多变，汉字的形体必然会受到一定的影响。“除了伴随使用毛笔而来的草率性外，从字形演变来看，饰笔、羡符更为丰富，反映个人瞬时书写惯性的‘字形感染’现象在楚简中频繁出现等，都可以说明使用毛笔增大了书写的随意性和讹变出现的概率。”[②]

四、书写者和书写内容的影响

（一）书写者认知水平对字体的影响

从甲骨文时期的汉字构形开始，书写者对构件的选择便是具有选择性的，选择最能直接体现或是最接近表达含义的构件作为字形的组成部分。在象形字中，书写者选择最能概括表达事物的形象，删去繁琐的装饰性部分，构成字形，这也是象形字与美术图画最本质的区别。例如：“日”的古文字是一个圆形，中间加一短横。圆形表示太阳的形状，短横是与“口”字相区别。如果是对太阳进行绘画，必然要在圆形周围加入辐射型的笔画，表示太阳光芒，也不需要在中间加入短横笔画与“口”字别异。“山”,《说文·山部》释为：“宣气散，生万物，有石而高。”这其中有两个重要元素，第一是有石头，第二是石头要有高度。王筠《说文解字句读》曰：“无石曰丘，有石曰山。”甲骨文“山”作，表示山石高耸之形状。而具体的每座山上有何动植物，在这个字形中并无展示。“涉”字义为徒步行走蹚过河流，字形由

① 华人德：《中国书法史·两汉卷》，江苏教育出版社，2009年，第207页。

② 许可：《战国楚简文字书写材料致讹现象初探》，《学行堂语言文字论丛（第四辑）——2013年全国博士生学术论坛（出土文献语言文字研究与比较文字学研究领域）论文集》，第16页。

“水”和“步”会意。“水”是该字形组成的必要成分，而脚形的选择就是经过筛选的，两个脚型可以兼表动物或人类的足，最能表示“徒步”的含义，而脚之外的人形或动物形体则无需呈现在本字形体中。“朢”表示人站在高处望向远方的月亮。因为看事物的器官是人的眼睛，所以“朢”字突出眼形“臣”，而且只选择一只眼睛，没有书写头部其他器官。这是建立在对事物客观认知的基础上的一种主观性的选择，而这种选择符合使用汉字的群体的认知心理，能够得到认同，因此字形才会长期稳定使用。也就是说，早在象形文字产生之时，直到形声字的大量产生，书写者对字形书写元素的选择已经加入了对事物认知的心理因素，字形元素的选择是经过认知、判断、选择的过程之后组合形成成熟稳定的字形。

（二）书写者审美心理对字体的影响

不同书写者的精神面貌和天资禀赋不同，书写出的汉字形体也各有差异，也就是我们常说的“字如其人”。追根溯源，每个书写个体书写出的字形差异源于书写个体的思维和心理的差异，语言是思维的工具，汉字是汉语的书写符号，因此，汉字实际是思维的表达方式，由于人存在个体差异性，因此不同的书写者写出的汉字形体必然会受到他自身对汉字结构的理解、对书写元素和构件的认识程度的影响。所以相同的一个汉字，有的人会写成细长形，有的人会写成扁形；相同的笔画，有的人写得长直，有的人写得短弯；相同的构件，不同的人写出来占整字的百分比不同。

书写者所受的教育水平高低、不同的人生经历会使每个个体的世界观、价值观和审美取向不同，这些也会在他所书写的字形中有所体现。“品德高尚的书家，其作品自然表现出一种高尚的气质；反之，一个书家倘若人品卑猥，那么随便他的书法外在形态很‘工’，但从内蕴而言，也难以掩饰卑猥的根本格调。”[①]例如，我们从伟人毛泽东的书法可以看到他极高的浪漫主义情怀，指点江山的豪迈气概和丰富的情感表露；从张旭的书法中可以看出他极度追

① 虞晓勇：《书法美学导论》，北京师范大学出版社，2013年，第10页。

求自由、洒脱不羁、豁达奔放的性格。

审美是人类认识世界的一种方式。对汉字的审美表现在两方面，首先由于人们有不同的审美观，对字体书写的美感要求不同，从而产生书体风格各异的书法家。不同书法家笔下的书法作品便是他们个体审美运用于文字形体的表现。“从现有的文献看，较早谈到书法作品与书家精神修养有直接关系的是东晋的王廙，他在《画孔子十弟子画赞》中说：‘画乃吾自画，书乃吾自书。吾余事虽不法，而书画固可法。欲学书则知积学可以致远，学画可以知师弟子行己之道。’”[①]王廙的这种观点认为，不同书画作品的差异在于创作者的个体差异性，作品是书写者性格的体现，一个人的审美、精神修养会集中展现在他的书画作品中。也就是说，书画作品真正的价值不是模仿的相似度，而在于极具个性的创造性创作。

第二种是在字形的产生中，也会有大众的审美参与。这种审美对字形的影响表现在字形的结构方面。除独体字之外，汉字形体均为对称结构，或上下对称，或左右对称。人类自身就是一个左右对称的形体，人体的四肢、五官，均为对称生长之形。在人的认识中，这种对称即是一种审美，一种美的感受和体会。因此这种感官和精神的感受会影响到人类生活所涉及的许多事物中，例如对联、房门、院落的设计都是左右对称。一个汉字形体中的构件的组合位置也会受这种审美要求的影响，由两个构件组成的字形，左右对称或是上下对称，每个构件在整个字形平面所占的百分比在一半左右，过多或过少，都会使整体字形缺乏稳定性。单独成字的形体在作为一个构件的时候，为了满足整字形体的对称美，会适当调整形体或笔画的书写方式。例如，“慬”的左侧构件“心”改写为“忄”，“铜”的左侧构件“金”改写为“钅”，都是为了整字结构的美观。

（三）书写内容对字体的影响

按照文字所记录的内容不同，可以分为公务文书和私人文书两大类。公

① 虞晓勇：《书法美学导论》，北京师范大学出版社，2013年，第127页。

务文书多指国家官方使用的文书，包括皇帝颁布的诏令、国家颁布的法律条文、官员禀报的奏折、官府之间往来传递信息的官文。私人文书包括处理个人、家庭事务时使用的文书，如信件、契约、书稿等。公务文书因其内容的特殊性，具有普及告知的性质，常用于行政上下级之间，属于正式的规范的严肃性的文书，这就要求采用正规的字体和严谨的笔画书写。普通家信、书稿、日常便签等私人文书，他们的受阅对象范围较小，只要能够识别即可达到文书的使用目的，因此对字体的要求较低。

“汉晋时期，草书是俗书体，用于起草文书，写簿籍，写信件。由《神乌傅（赋)》知道，草书还可用于抄写文章。汉简上，官员写在文书上的批答，也用草书。”①居延地区属于汉代正式行政区域，设有郡一级的行政机构，是西汉在西北地区设置的重要军事要塞，居延新简记录该地区边防戍守部队为主的政治、经济、军事等内容，包括法律文书、屯戍军粮、边塞兵器、文书档案、医药卫生、戍卒的日常生活等，内容丰富，字体以八分隶和草体为主。

---

① 刘涛：《极简中国书法史》，人民美术出版社，2014年，第101页。

结 语

一

居延新简的文字书写于西汉中晚期至东汉初期，历时200多年，时代特征明显。在这一时期，汉字的笔画系统由萌芽期进入形成期，基本笔画开始形成，字形由表示物象的古文字进入表示词的音义的今文字阶段。由于构形功能发生改变，字形不再需要对物象进行客观的反映，在书写快捷的作用下产生了笔画。居延新简的文字继承了汉代初期古隶的书写特征，在此基础上，对古隶纵向的结体之势、大小不等的字形进行规范，形成了有别于早期古隶又不同于标准八分隶的古隶字体。新简中的古隶字体的横画书写露锋，出现波磔笔意，竖弯笔画也出现折笔之势，书写时笔触加重，这些笔画和字体上的特征都是八分隶产生的重要前提。到西汉昭、宣之际，八分隶形成，八分隶不仅是居延新简文字的主要字体，也是汉字发展史上重要的字体之一。居延新简中的另一种主要字体是草体，这个时期的草体字形处于草体的初期，不同于后代形成的今草、狂草等融合了更多艺术品位的字体，字字独立，保留很多同时期的八分隶笔画特征，采用连笔书写。因此，我们认为，居延新简中的八分隶和草体字形所体现的时代特征明显，对它们进行分析，能够客观展示汉代主要字体的基本特征。

二

居延新简笔画系统的发展包括不同字体对笔画的改造和笔画系统在形成过程中的不断完善。通过对文字笔画的整理，我们总结了居延新简文字的9种笔画和34种不同笔形。随着篆体的分解，字形在对篆体线条的改造过程中，遵循相似性、便捷性、经济性、别异性和美观性的原则对笔画的笔形和数量进行规范，最终形成了以横、竖、撇、捺基本笔画为主，以折、点、弯、提、钩为辅的笔画系统。到八分隶产生时期，形成了具有“蚕头雁尾、一波三折”特点的横画、收笔停顿上挑的笔法，成为八分隶字形系统典型的笔画。方折笔画的形成和钩画的演变对于汉字整体结构的平衡起到很大的作用。笔画的形成和完善是一个渐进的过程，成熟笔画的定形和定量是建立在对原有笔画不断改造的基础上，提画和钩画在居延新简文字中已有出现，但尚未如横画、竖画般成熟，只是在弯笔和折笔等笔画快速书写时出现。到魏晋南北朝以后，钩画和提画形成，短横画和短竖画归并入点画，笔画系统得到完善。

三

居延新简的文字形体演变科学，部分汉字的形体仍继承了甲骨文、古隶、《说文》古文等较早时期的写法，笔画的置向、形状在很长一段时期内都未发生变化。例如，“曾”的起笔“丷”，在甲骨文时期的书写方向是由内向外，象“八”形，上部的构件为“田”，居延新简的字形仍采用这样的写法。构件的演变多是基于书写的快捷和整字结构美观的要求而进行恰当的合理的演变，当字形作为构件时，受整字结构方正的影响，形体会发生一定的改变。构件“人”，位于整字的不同位置会变形为“匕、亻、卜”等字形，而单独使用的时候始终写为“人”。此外，新简文字的构件变换形式多样，由于构件的演化、换用、混同等产生的异构字形是新简文字的特征之一，加之由于书写演化的不规则产生的大量异写字形共同组成了新简文字的特殊形态。我们认为，居延新简时期的文字仍按照文字发展的规律不断向前演变，在这种多途探索的过程中，旧字体消亡和新字体产生并存，主流字体和变异字体交替发展，居延新简文字能够体现文字发展的历史传承性和演变的科学性。

总之，居延新简的文字处于今文字的开端阶段，笔画多样，字体丰富，前一阶段的旧质尚未完全消除，后一阶段的新质已经开始萌芽，既具有鲜明的自身特征，又承载着承前启后的历史使命，在汉字发展史上具有非常重要的意义。

参考文献

学术论著

1. 劳幹:《居延汉简考释释文之部》，商务印书馆，1949 年版。

2. 黄约斋:《汉字字体变迁简史》，文字改革出版社，1956 年版。

3. 梁东汉:《汉字的结构及其流变》，上海教育出版社，1959 年版。

4. 中国社会科学院考古研究所编:《居延汉简甲编》，科学出版社，1959 年版。

5. 启功:《古代字体论稿》，文物出版社，1964 年版。

6. 中国社会科学院考古研究所编:《居延汉简甲乙编》中华书局，1980 年版。

7. 陈梦家:《汉简缀述》，中华书局，1980 年版。

8. 殷焕先:《汉字三论》，齐鲁书社，1981 年版。

9. 唐兰:《古文字学导论》，齐鲁书社，1981 年版。

10. 姜亮夫:《古文字学》，浙江人民出版社，1984 年版。

11. 于豪亮:《于豪亮学术文存》，中华书局，1985 年版。

12. 李学勤:《古文字学初阶》，中华书局，1985 年版。

13. 谢桂华、李均明、朱国炤编:《居延汉简释文合校》，文物出版社，1987 年版。

14. 蒋善国:《汉字学》，上海教育出版社，1987 年版。

15. 甘肃省文物考古研究所编，薛英群、何双全、李永良注:《居延新简释粹》，兰州大学出版社，1988 年版。

16. 裘锡圭:《文字学概要》，商务印书馆，1988 年版。

17. 王凤阳:《汉字学》，吉林文史出版社，1989 年版。

18．淳于怀椿:《汉字形体演变概论》，辽宁大学出版社，1989年版。

19．甘肃省文物考古研究所、甘肃省博物馆、文化部古文献研究室、中国社会科学院历史研究所主编:《居延新简——甲渠候官与第四燧》，文物出版社，1990年版。

20．赵正:《汉简书法论集》，甘肃人民出版社，1991年版。

21．甘肃省文物考古研究所、甘肃省博物馆、中国文物研究所、中国社会科学院历史研究所主编:《居延新简——甲渠候官》，中华书局，1994年版。

22．饶宗颐、李均明:《新莽简辑证》，泰国华侨崇圣大学中华文化研究院、香港敦煌吐鲁番研究中心合作研究丛刊，台北，新文丰出版公司，1995年版。

23．国家语言文字工作委员会:《现代汉语通用字笔顺规范》，语文出版社，1997年版。

24．刘志基:《汉字体态论》，广西教育出版社，1999年版。

25．王贵元:《马王堆帛书汉字构形系统研究》，广西教育出版社，1999年版。

26．唐兰:《中国文字学》，上海古籍出版社，2001年版。

27．中国简牍集成编辑委员会主编:《中国简牍集成——甘肃省·内蒙古自治区卷（居延新简）》（9—12册），敦煌文艺出版社，2001年版。

28．王宁:《汉字学概要》，北京师范大学出版社，2001年版。

29．姚淦铭:《汉字心理学》，广西教育出版社，2001年版。

30．王宁:《汉字构形学讲座》，上海教育出版社，2002年版。

31．周有光:《周有光语文论集》，上海文化出版社，2002年版。

32．吉仕梅:《秦汉简帛语言研究》，巴蜀书社，2004年版。

33．陈淑梅:《东汉碑隶构形系统研究》，上海教育出版社，2005年版。

34．启功:《启功给你讲书法》，中华书局，2005年版。

35．陈梦家:《中国文字学》，中华书局，2006年版。

36．刘钊:《古文字构形学》，福建人民出版社，2006年版。

37. 卜希旸:《草书教程》，华文出版社，2006年版。

38. 沈刚:《居延汉简语词汇释》，科学出版社，2008年版。

39. 陈直:《居延汉简研究》，中华书局，2009年版。

40. 华人德:《中国书法史 · 两汉卷》，江苏教育出版社，2009年版。

41. 中国书法院主编:《简帛书法研究》，荣宝斋出版社，2009年版。

42. 徐利明:《中国书法风格史》，人民美术出版社、河南美术出版社，2009年版。

43. 国家语言文字工作委员会:《现代常用字部件及部件名称规范》，语文出版社，2009年版。

44. 赵平安:《隶变研究》，河北大学出版社，2009年版。

45. 张涌泉:《汉语俗字研究（增订本）》，商务印书馆，2010年版。

46. 裘锡圭:《裘锡圭学术文集》第四卷，复旦大学出版社，2012年版。

47. 魏建功:《汉字形体变迁史》，商务印书馆，2013年版。

48. 王晓光:《新出汉晋简牍及书刻研究》，荣宝斋出版社，2013年版。

49. 虞晓勇:《书法美学导论》，北京师范大学出版社，2013年版。

50. 马怡、张荣强主编:《居延新简释校》，天津古籍出版社，2013年版。

51. 北京中国书法研究社编:《各种书体源流浅说》，人民美术出版社，2014年版。

52. 李洪智:《汉代草书研究》，北京师范大学出版社，2014年版。

53. 刘涛:《极简中国书法史》，人民美术出版社，2014年版。

54. 崔树强:《习书有法》，中华书局，2014年版。

55. 简牍整理小组编:《居延汉简》（壹），中央研究院历史语言研究所，2014年。

56. 王宁:《汉字构形学导论》，商务印书馆，2015年版。

57. 罗振玉、王国维:《流沙坠简》，中华书局，1993年版。

58. 魏坚:《额济纳汉简》，广西师范大学出版社，2005年版。

学术论文

1. 马衡:《居延汉简考释两种》,《考古通讯》1957 年第 1 期。

2. 陈公柔、徐苹芳:《关于居延汉简的发现和研究》,《考古》1960 年第 1 期。

3. 陈直:《“关于居延汉简的发现和研究”一文的商榷》,《考古》1960 年第 8 期。

4. 于豪亮:《〈居延汉简甲编〉补释》,《考古》1961 年第 8 期。

5. 郭绍虞:《从书法中窥测字体的演变》,《学术月刊》1961 年第 9 期。

6. 郭绍虞:《草体在字体演变上的关系(上)》,《学术月刊》1961 年第 11 期。

7. 郭绍虞:《草体在字体演变上的关系(下)》,《学术月刊》1961 年第 12 期。

8. 启功:《关于古代字体的一些问题》,《文物》1962 年第 6 期。

9. 陈直:《论居延汉简八事》,《北京大学学报》(人文科学)1963 年第 4 期。

10. 于豪亮:《居延汉簡校釋》,《考古》1964 年第 3 期。

11. 陈邦怀:《居延汉简考略》,《历史教学》1964 年第 2 期。

12. 裘锡圭:《谈谈古文字资料对古汉语研究的重要性》,《中国语文》1979 年第 6 期。

13. 徐元邦、曹延尊:《居延出土的“候史广德坐不循行部”檄》,《考古》1979 年第 2 期。

14. 马明达:《汉代居延边塞的医药制度——读居延汉简札记》,《西北师大学报》(社科版)1980 年第 4 版。

15. 裘锡圭:《汉简零拾》,《文史》第 12 辑 1981 年。

16. 安作璋:《汉代官吏的任用和考核制度》,《东岳论丛》1981 年第 3 期。

17. 裘锡圭:《〈居延汉简甲乙编〉释文商榷(一)——读考古发现文字

资料札记之二》,《人文杂志》1982 年第 2 期。

18. 裘锡圭:《〈居延汉简甲乙编〉释文商榷(续二)》,《人文杂志》1982 年第 4 期。

19. 裘锡圭:《〈居延汉简甲乙编〉释文商榷(续三)》,《人文杂志》1982 年第 5 期。

20. 朱德熙、裘锡圭:《七十年代出土的秦汉简册和帛书》,《语文研究》1982 年第 1 期。

21. 谢桂华、李均明:《〈居延汉简甲乙编〉释文补正举隅》,《历史研究》1982 年第 5 期。

22. 裘锡圭:《〈居延汉简甲乙编〉释文商榷(续四)》,《人文杂志》1983 年第 1 期。

23. 裘锡圭:《〈居延汉简甲乙编〉释文商榷(续五)》,《人文杂志》1983 年第 2 期。

24. 裘锡圭:《〈居延汉简甲乙编〉释文商榷(续六)》,《人文杂志》1983 年第 3 期。

25. 裘锡圭:《〈居延汉简甲乙编〉释文商榷(续七)》,《人文杂志》1983 年第 4 期。

26. 薛英群:《居延新简官文书选释(上篇)》,《社会科学》1986 年第 4 期。

27. 薛英群:《居延新简官文书选释(下篇)》,《社会科学》1986 年第 5 期。

28. 张玉春、张世超:《秦汉标点述论》,《古籍整理研究学刊》1986 年第 1 期。

29. 陆锡兴:《释“卪”》,《考古》1987 年第 12 期。

30. 杨泽林:《句读源流》,《郑州大学学报》1987 年第 3 期。

31. 邓晓楠:《西汉官吏考课制度初探》,《北京大学学报》(社科版)1987 年第 2 期。

32. 王宁:《汉字的优化与简化》,《中国社会科学》1991 年第 1 期。

33. 裘锡圭:《谈谈辨释汉简文字应该注意的一些问题》,《江汉考古》

1991 年第 4 期。

34. 赵平安:《秦汉简帛通假字的文字学研究》,《河北大学学报》(社科版)1991 年第 4 期。

35. 李恩江:《书写材料对汉字形体、结构的影响》,《古汉语研究》1991 年第 1 期。

36. 赵平安:《释“罙”》,《考古》1992 年第 10 期。

37. 徐世虹:《居延新简汉律佚文考》,《政法论坛》1992 年第 3 期。

38. 宋会群、李振宏:《汉代居延甲渠候官部燧考》,《史学月刊》1994 年第 3 期。

39. 罗庆康:《〈居延新简〉所记的西汉物价研究》,《安徽史学》1994 年第 2 期。

40. 赵诚:《〈居延汉简甲乙编〉简介》,《古籍整理研究学刊》1995 年 Z1 期。

41. 唐书文:《汉代的察举选官制度》,《辽宁师范大学学报》1995 年第 2 期。

42. 陈伟武:《简帛兵学文献内容概说》,《古籍整理研究学刊》1995 年 Z1 期。

43. 刘涛,《漫说“书体”》,《文史知识》1995 年第 12 期。

44. 王延洽,《居延汉简中的俸钱名籍》,《青海师范大学学报》(社科版)1996 年第 2 期。

45. 施伟青:《汉代居延戍边官吏的俸钱及相关的一些问题》,《中国社会经济史研究》1996 年第 2 期。

46. 沈从文:《书法发展 · 章草之形成》,《书法之友》1997 年第 6 期。

47. 于语和:《论汉代的经学与法律》,《南开学报》1997 年第 4 期。

48. 陈乃华:《居延新简〈五凤四年三月奉禄簿〉的年代学意义》,《山东师大学报》(社科版)1997 年第 2 期。

49. 罗见今:《〈居延新简——甲渠候官〉中的月朔简年代考释》,《中国科技史料》1997 年第 3 期。

50. 喻柏林、张蜀林、潘玉进:《笔画类型对直立和倾斜汉字识别的影响》,《心理学报》1997 年第 1 期。

51. 张小锋:《居延新简中所见“兰”与“兰冠”考》,《简牍学研究》1998 年 10 期。

52. 韩延锡:《居延新简释文校补》,《重庆师院学报》(社科版) 1999 年第 3 期。

53. 仝晰纲:《汉代选官制度刍议》,《社会科学》1999 年第 6 期。

54. 于振波:《居延汉简中的燧长和候长》,《史学集刊》2000 年第 2 期。

55. 王宁:《系统论与汉字构形学的创建》,《暨南学报》2000 年第 2 期。

56. 陆锡兴:《70 年代以来的秦汉简帛文字研究》,《南昌大学学报》2000 年第 3 期。

57. 刘彦威:《西汉王朝的辖区设治与戍防》,《中国边疆史地研究》2000 年第 3 期。

58. 魏德胜:《居延新简、敦煌汉简中的“日书”残简》,《中国文化研究》2000 年第 1 期。

59. 王宁:《汉字字体研究的新突破——重读启功先生的〈古代字体论稿〉》,《三峡大学学报》(社科版) 2001 年第 3 期。

60. 洪映熙:《简析居延汉简文字在汉字史上的地位》,《聊城师范学院学报》2001 年第 5 期。

61. 刘延玲:《“字体”与“书体”论辩》,《书法研究》2001 年第 2 期。

62. 李振宏:《小议居延汉简中的“私去署”问题》,《郑州大学学报》(社科版) 2001 年第 5 期。

63. 李零:《从简帛发现看古书的体例和分类》,《中国典籍与文化》2001 年第 1 期。

64. 连劭名:《草书考》,《北京教育学院学报》2002 年第 2 期。

65. 侯开嘉:《隶草派生章草今草说》,《四川大学学报》2002 年第 5 期。

66. 赵思有:《居延汉简书法艺术散论》,《苏州职业大学学报》2002 年第 1 期。

67. 徐华:《东汉草书艺术的演变及其精神内质》,《华侨大学学报》2002 年第 4 期。

68. 陈力:《〈居延新简〉相利善刀剑诸简选释》,《考古与文物》2002 年第 6 期。

69. 张积家、王惠萍、张萌、张厚粲:《笔画复杂性和重复性对笔画和汉字认知的影响》,《心理学报》2002 年第 5 期。

70. 曾捷英、周新林、喻柏林:《变形汉字的结构方式和笔画数效应》,《心理学报》2002 年第 3 期。

71. 沈颂金:《劳榦的居延汉简研究》,《南都学坛》2003 年第 3 期。

72. 赖华明:《汉武帝经济改革新论》,《四川师范大学学报》(社科版)2003 年第 6 期。

73. 张国艳:《居延汉简的“乃”和“迺”》,《中国文字研究》2004 年第 10 期。

74. 杨加深:《书写材料和工具与隶变的关系探讨》,《档案学通讯》2004 年第 3 期。

75. 吴朝义、胡颖文:《居延汉简与汉代草书》,《南昌高专学报》2004 年第 4 期。

76. 贾丽英:《从居延汉简看汉代随军下层妇女生活》,《石家庄师范专科学校学报》2004 年第 1 期。

77. 王子今:《居延汉简所见“戍卒行道物故”现象》,《史学月刊》2004 年第 5 期。

78. 程志强:《古代隶书的发展与鼎盛时期》,《西南民族大学学报》2004 年第 9 期。

79. 谢全发:《居延汉简中的汉代债法》,《贵州民族学院学报》(社科版)2004 年第 1 期。

80. 赵兰香:《汉代西北边塞吏卒与内郡官吏的休假制度异同考述》,《简牍学研究》2004 年第 00 期。

81. 王贵元:《汉语言文字学发展研究报告》,《中国人民大学中国人文社会科学发展研究报告 2005》,中国人民大学出版社,2005 年版。

82. 刘信芳:《居延汉简〈吏〉篇研究》,《中国书画》2005 年第 11 期。

83. 吴照义、王琪:《汉代草书与简化字》,《南昌高专学报》2005 年第 6 期。

84. 闫晓君:《竹简秦汉律与唐律》,《华东政法学院学报》2005 年第 1 期。

85. 李均明:《简牍法制史料概说》,《中国史研究》2005 年 S1 期。

86. 安忠义:《汉简〈守御器簿〉词语释例五则》,《南京师范大学文学院学报》2005 年第 2 期。

87. 张国艳:《居延汉简"最凡"使用情况及其用法演变考察》,《兰州学刊》2006 年第 11 期。

88. 沈刚:《居延汉简中的习字简述略》,《古籍整理研究学刊》2006 年第 1 期。

89. 丁光勋:《西汉〈东海郡下辖长吏名籍〉研究》,《档案学通讯》2006 年第 6 期。

90. 孙学娟:《简册书籍制度与文体规则》,《内蒙古财经学院学报》(综合版)2006 年第 4 期。

91. 肖贤彬:《据居延汉简讨论汉代动补式问题》,《内蒙古大学学报》(社科版)2006 年第 2 期。

92. 赵沛:《居延汉简所见边军的现金管理和军官的俸金》,《甘肃社会科学》2006 年第 5 期。

93. 臧知非:《简牍所见汉代乡部的建制与职能》,《史学月刊》2006 年第 5 期。

94. 吴旺宗:《汉简所见"扁书"探析》,《兰州学刊》2006 年第 7 期。

95. 李永忠:《汉代草书与章草的关系》,《首都师范大学学报》2007 年第1期。

96. 李运富:《论汉字结构的演变》,《河北大学学报》2007年第2期。

97. 张啸东:《简牍文书习语与早期汉代草书》,《东方艺术》2007年第8期。

98. 王子今:《额济纳汉简胶考》,《南方文物》2007年第1期。

99. 王贵元:《简帛文献用字研究》,《西北大学学报》2008年第3期。

100. 冯印强:《中国隶书发展史的另一种诠释》,《书法赏评》2008年第1期。

101. 刘杨:《贺昌群与居延汉简研究》,《人文社会科学学报》2008年第1期。

102. 章宏伟:《百年来出土的两汉简牍》,《济南大学学报》(社科版)2008年第5期。

103. 肖从礼:《从汉简看两汉时期量词的发展》,《敦煌研究》2008年第4期。

104. 杨振红:《汉代法律体系及其研究方法》,《史学月刊》2008年第10期。

105. 周延:《试论书写材料对书法的影响》,《书法赏评》2008年第6期。

106. 赵宏亮:《居延汉简所见"助吏"》,《南都学坛》2009年第4期。

107. 张俊民:《新、旧居延汉简校读二例》,《考古与文物》2009年第2期。

108. 古董滩:《〈居延汉简研究〉出版》,《敦煌研究》2009年第4期。

109. 李树春、梁瑞:《〈居延汉简〉中的戍吏经商、雇佣现象》,《殷都学刊》2009年第1期。

110. 王贵元:《汉字形体演化的动因与机制》,《语文研究》2010年第3期。

111. 曹游佳:《居延新简中粮仓的经济监督》,《重庆理工大学学报》2010年第3期。

112. 罗艳琳、王磊峰、李秀军等:《笔顺与笔画数对汉字构成过程的影响》,《心理科学》2010年第3期。

113. 王贵元:《汉字演变的历史我们还很陌生》,《学术研究》2011年第2期。

114. 王贵元:《广西贵县罗泊湾一号汉墓木牍字词考释》,《西北大学学报》(社科版)2011年第1期。

115. 王贵元:《隶变问题新探》,《暨南学报》(社科版)2011年第3期。

116. 方孝坤:《汉代候官的诉讼职能——基于居延新简的考察》,《武汉大学学报》(社科版)2011年第1期。

117. 王彦辉:《对简牍与秦汉史研究的几点思考》,《史学月刊》2011年第5期。

118. 杨景星:《中国书法史重镇——汉代隶书浅史》,《科学大众》(科学教育)2012年第5期。

119. 郝建平:《近30年来居延汉简研究综述》,《鲁东大学学报》(社科版)2012年第3期。

120. 吴文文:《汉代文字中的"变形义化"现象——兼谈汉碑、汉简中与字义有关的字形演变规律》,《辽东学院学报》2012年第6期。

121. 黄兆宏、秦菲:《居延汉简反映的汉代河西地区戍卒、田卒问题探析》,《石河子大学学报》(社科版)2012年第4期。

122. 王贵元:《汉字发展史的几个核心问题》,《中国语文》2013年第1期。

123. 王学雷:《"汉居延笔"的发现与踪迹》,《中国书法》2013年第10期。

124. 葛红丽:《〈居延新简〉用字调查》,《西安建筑科技大学学报》(社科版)2013年第4期。

125. 魏晓艳:《简帛早期隶书笔形系统探析》,《语文研究》2013年第4期。

126. 刘绍伟:《"草书"的历程》,《书法赏评》2013年第1期。

127. 马克冬、张显成:《〈居延新简〉军备用语及其价值研究》,《河北北方学院学报》(社科版)2013年第6期。

128. 路方鸽:《〈居延新简〉词语札记四则》,《燕山大学学报》2013年第3期。

129.《肩水金关居延新简》,《中国书法》2013年第7期。

130. 王贵元:《汉字笔画系统形成的过程与机制》,《语言科学》2014年9月。

131. 王贵元:《释汉简中的"木关"及"关戾"》,《中国语文》2014年第3期。

132. 王贵元:《汉字形体结构的体系性转换》,《语文研究》2014年第1期。

133. 王贵元:《释汉简中的"行胜"与"常韦"》,《语言研究》2014年第4期。

134. 黄艳萍:《居延汉简语言文字研究综述——兼论居延简语言文字研究新趋势》,《浙江海洋学院学报》2014年第3期。

135. 陈立正:《居延新简所见"禽子"即墨家弟子禽滑厘试说》,《兰州大学学报》(社科版)2014年第2期。

136. 孙新:《汉代隶书的书法艺术技巧及特点浅析》,《决策探索》(下半月)2015年10月。

137. 孙兆华:《"出土文献与中国古代文明"学术研讨会综述》,《中国人民大学学报》2015年第5期。

138. 张俊民:《西北汉简所见"施刑"探微》,《石河子大学学报》(社科版)2015年第2版。

学位论文

1. 韩延锡:《居延新简文字研究》,北京师范大学博士学位论文,1997年。

2. 洪映熙:《居延汉简文字构形系统研究》，北京师范大学博士学位论文，2000年。

3. 文功烈:《汉简牍书法研究》，首都师范大学硕士学位论文，2001年。

4. 李永忠:《草书流变研究》，首都师范大学博士学位论文，2003年。

5. 陈近朱:《〈居延新简〉中物量词和称数法探析》，华东师范大学硕士学位论文，2004年。

6. 寻鹏:《论章草书的形体演变及其在汉字史上的作用》，山东大学硕士学位论文，2005年。

7. 张国艳:《居延汉简虚词研究》，华东师范大学博士学位论文,2005年。

8. 黄修珠:《论古代简牍书写方式与今草的形成》，河南大学硕士学位论文，2006年。

9. 张冬冬:《简牍书署制度与书法史研究》，吉林大学硕士学位论文，2006年。

10. 程鹏万:《简牍帛书格式研究》，吉林大学博士学位论文，2006年。

11. 刘凤山:《隶变研究》，首都师范大学博士学位论文，2006年。

12. 杨嘉麟:《论字体组合对当代书法创作的影响》，华东师范大学硕士学位论文，2006年。

13. 葛红丽:《〈居延新简〉词语通释》，华东师范大学博士学位论文，2007年。

14. 江浩:《中国书法字体生成的初步研究》，浙江大学硕士学位论文，2007年。

15. 杨磊:《中国古代书法理论发生研究》，首都师范大学硕士学位论文，2007年。

16. 凌云:《〈居延汉简〉动词研究》，西南大学硕士学位论文，2007年。

17. 明慧:《简牍所见秦汉诉讼制度》，苏州大学硕士学位论文，2007年。

18. 叶声波:《〈居延汉简〉异体字研究》》，西南大学硕士学位论文，2008年。

19. 范董平:《〈敦煌汉简〉词语通释》，华东师范大学博士学位论文，2008年。

20. 刘国庆:《〈居延汉简〉释文合校》》，西南大学硕士学位论文，2008年。

21. 梁勇第:《两汉书法发展模式研究》，重庆大学硕士学位论文，2009年。

22. 杨巧琳:《居延新简语法研究》，华东师范大学硕士学位论文，2009年。

23. 路方鸽:《〈居延新简〉语词研究》，浙江大学硕士学位论文，2010年。

24. 沈利:《汉代简牍书法形态研究》，南京航空航天大学硕士学位论文，2010年。

25. 马瑞:《西北屯戍汉简文字研究》，西南大学博士学位论文，2011年。

26. 任攀:《居延汉简释文校订及相关问题研究（居延旧简部分）》，复旦大学硕士学位论文，2012年。

27. 李丹:《甘肃汉简书法风格研究》，西北师范大学硕士学位论文，2012年。

28. 史晓曦:《东汉石刻文字编及其相关问题研究》，中国人民大学硕士学位论文，2012年。

29. 张翔:《走马楼三国吴简文字编及相关问题研究》，中国人民大学硕士学位论文，2012年。

30. 张颖慧:《魏晋南北朝石刻文字研究》，中国人民大学博士学位论文，2012年。

31. 赵德:《〈居延汉简〉文字释读校理》，西南大学硕士学位论文，2012年。

32. 金美兰:《汉代简牍草书艺术研究》，中国艺术研究院博士学位论文，2013年。

33. 林雪:《居延汉简字体风格研究》，河北师范大学硕士学位论文，2014年。

34. 徐舒桐:《居延汉简书体研究》，郑州大学硕士学位论文，2014年。

35. 白海燕:《居延新简文字编》，吉林大学博士学位论文，2014年。

36. 赵彦昌:《简牍文书编纂成果研究》，辽宁大学硕士学位论文，2014年。

37. 杜鹏姣:《汉代通关文书研究》，兰州大学硕士学位论文，2014年。

38. 李洪财:《汉简草字整理与研究》，吉林大学博士学位论文，2014年。

39. 李瑶:《居延旧简文字编》，吉林大学博士学位论文，2014年。

40. 于淼:《汉代隶书异体字表与相关问题研究》，吉林大学博士学位论文，2015年。

工具书

1. 汉语大字典字形组编:《秦汉魏晋篆隶字形表》，四川辞书出版社，1985年版。

2. 陆锡兴:《汉代简牍草字编》，上海书画出版社，1989年版。

3. 徐中舒:《甲骨文字典》，四川辞书出版社，1990年版。

4.［清］段玉裁:《说文解字注》，上海古籍出版社，1991年版。

5. 徐中舒等:《汉语大字典》，四川辞书出版社、湖北辞书出版社，1993年版。

6. 王贵元:《说文解字校笺》，学林出版社，2002年版。

7.［东汉］许慎:《说文解字》，中华书局，2004年版。

8. 黄德宽:《古文字谱系疏证》，商务印书馆，2007年版。

9. 沙宗元:《文字学术语规范研究》，安徽大学出版社，2008年版。

附　录

附录一　古文字字形所出材料表

1. 郭沫若主编:《甲骨文合集》，中华书局，1982 年版。

2. 王贵元主编:《新金文编》，国家社科基金项目成果，(待刊)。

3. 郭沫若:《郭沫若全集 · 考古编》(第九卷)，科学出版社，1982 年版。

4. 睡虎地秦墓竹简整理小组:《睡虎地秦墓竹简》，文物出版社，1978 年版。

5. 马王堆汉墓帛书整理小组:《马王堆汉墓帛书》(壹)，文物出版社，1980 年版。

6. 马王堆汉墓帛书整理小组:《马王堆汉墓帛书》(叁)，文物出版社，1978 年版。

7. 湖南省博物馆、复旦大学出土文献与古文字研究中心编纂，裘锡圭主编:《长沙马王堆汉墓简帛集成》(壹、贰)，中华书局，2014 年版。

8. 银雀山汉墓竹简整理小组:《银雀山汉墓竹简》(壹)，文物出版社，1975 年版。

9.《上海博物馆藏战国楚竹书 · 四》，马承源主编，上海古籍出版社，2004 年版。

10. 马承源主编:《上海博物馆藏战国楚竹书 · 六》，上海古籍出版社，2007 年版。

11. 长沙市文物考古研究所、中国文物研究所、北京大学历史系、走马楼简牍整理组:《长沙走马楼三国吴简 · 竹简》(壹)，文物出版社，2003 年版。

12. 长沙市文物考古研究所、中国文物研究所、北京大学历史系、走马楼简牍整理组:《长沙走马楼三国吴简 · 竹简》(叁),文物出版社,2008年版。

13. 许雄志:《秦印文字汇编》,河南美术出版社,2001年版。

附录二 古文字引用材料简称表

所引字形均出自公开出版的文献资料，文中注明文献名称、字形所在具体篇目及具体位置（行数），书名和篇目之间用圆点隔开，行数与篇目之间不加圆点。《金文字形》均出自《新金文编》，文中不一一标出。所用到的资料简称与其对应的全称如下：

简称	全称
合	甲骨文合集
石鼓	郭沫若全集 · 考古编（九）· 石鼓文研究
睡 · 语	睡虎地秦墓竹简 · 语书图版
睡 · 秦	睡虎地秦墓竹简 · 秦律十八种图版
睡 · 效	睡虎地秦墓竹简 · 效律图版
睡 · 杂	睡虎地秦墓竹简 · 秦律杂抄图版
睡 · 法	睡虎地秦墓竹简 · 法律答问图版
睡 · 为	睡虎地秦墓竹简 · 为吏之道图版
睡 · 日甲	睡虎地秦墓竹简 · 日书甲种图版
睡 · 日乙	睡虎地秦墓竹简 · 日书乙种图版
马 · 老甲	马王堆汉墓帛书（壹）· 老子甲本及卷后古佚书图版
马 · 老乙	马王堆汉墓帛书（壹）· 老子乙本及卷前古佚书图版
马 · 春	马王堆汉墓帛书（叁）· 春秋事语图版
马 · 战	马王堆汉墓帛书（叁）· 战国纵横家书图版
长 · 相	长沙马王堆汉墓简帛集成 · 相马经图版
长 · 周	长沙马王堆汉墓简帛集成 · 周易经传图版
长 · 占	长沙马王堆汉墓简帛集成 · 出行占图版
长 · 方	长沙马王堆汉墓简帛集成 · 五十二病方图版

长·房	长沙马王堆汉墓简帛集成·房内记图版
长·养	长沙马王堆汉墓简帛集成·养生方图版
长·遣一	长沙马王堆汉墓简帛集成·一号墓竹简遣策图版
走·竹一	长沙走马楼三国吴简·竹简（壹）图版
走·竹三	长沙走马楼三国吴简·竹简（叁）图版
银	银雀山汉墓竹简（壹）图版
上博四·柬	上海博物馆藏战国楚竹书（四）·柬大王泊旱图版
上博六·景	上海博物馆藏战国楚竹书（六）·景公 篇图版
秦印	《秦印文字汇编》

附录三 合文字表①

例字	新简字形			
七十	（EPT51125）	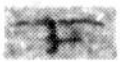（EPT51125）	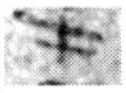（EPT51125）	（EPT51223）
	（EPT51235）	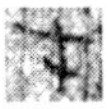（EPT52442）	（EPT57051）	（EPT57078）
	（EPT58016）	（EPT59037）	（EPT59242）	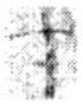（EPT59384）
	（EPF22022）			
十月	（EPT59191）			
十一	（EPT05038）	（EPT44004）	（EPT50216）	（EPT51268）
	（EPT54011）	（EPT59099）	（EPT65015）	
千敢	（EPT52195）			
四石	（EPT65229）			
正月	（EPF22188）	（EPF22655）		
岑令	（EPF22021）			
刺史	（EPT58097）			
第十	（EPT59068）	（EPT59068）		
燧长	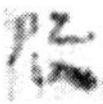（EPT65269）			

① 附录三为合文，收录将两个文字合写为一个文字款式的字形，以及两个文字共享笔画、合二为一的字形。

附录四　待识字表①

序号	待识字	简文	备注
1	 （EPT27065）	▨居摄元年六月▨	
2	 （EPT31013）	▨……從臨所坐後得自出□▨	
3	 （EPT40115）	▨□事▨	
4	 （EPT50071）	乎□▨	
5	 （EPT52109B）	吏吏今少今□少	合文，拟识为：今□
6	 （EPT52405）	四月戊申下餔九分時臨木燧卒沓受卅井卒乾□	
7	 （EPT56011）	從雒陽樊有・肥川・蘇福・溫廉□分	
8	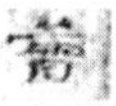 （EPT58072）	郭卒□解憂所	
9	 （EPT59011）	戍卒東郡臨邑武陽里文□	

① 附录二为待识字，“待识字”类为形声未识者、构件难以隶定者或考释尚待商榷者。凡待识字下均录该字所在的该句简文内容，以便学者研究。简文中待识字用□符号代替。原简文中的重文符号“=”、表示原简断折处的符号“▨”一律照录。该句简文中如有其他未识字，用“……”表示。

续表

序号	待识字	简文	备注
10	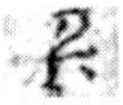 （EPT59261）	貉歲鮮卑處□難人候將……	
11	 （EPT65032）	天即毋刑狀　　毋已遣　　□欲及和□相隨之	
12	 （EPT65032）	天即毋刑狀　　毋已遣　　□欲及和□相隨之	
13	 （EPT65470）	☒日親□□非☒	
14	 （EPT65470）	☒日親□□非☒	
15	 （EPF22188）	府记曰守塞尉放记言今年正月中從女子馮□借馬一匹從今年駒四月	
16	 （EPF22614）	☒　陷耳小……□曰 = □公不任用	
17	 （EPF22614）	☒　陷耳小……□曰 = □公不任用	
18	 （EPS4T1005）	□□學成史從姓字始……☒	中華本、集成本作□□，《釋校》釋為：遽
19	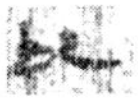 （ESC077）	良西門亭部舍案竟法候聖私去署壹宿以上□……☒	拟识为：以
20	 （ESC114）	☒卒□檄從官☒	
21	 （ESC136A）	☒□去不以☒	

附录五　居延新简文字编

凡　例

一、本文字编所收简文文字均录自中华书局 1994 年 12 月出版的《居延新简——甲渠候官》一书，凡原简文字形体完整或形体少量残缺，且有文字比勘能确认字形者，一律收录；凡形体残缺一半以上，构件无法识别者一律不收。

二、本文字编正文所收单字 1936 个，按照许慎著《说文解字》（中华书局 1963 年 12 月出版），分十四卷顺序编排。每卷字形自右向左纵向排列，每前缀为一级字头，列《说文》篆文形体，其下列隶定字形。如简文与《说文》篆文形体不同而与《说文》重文相同者，则仍首列《说文》篆文，其下列隶定字形。凡《说文》所未收录字形，形声可识者，均附于《说文》各部之末尾，字形用楷体隶定。

三、构件异位的字形，因结构与原字显著不同，也收录至二级字头。因笔画增减、笔形变异等原因产生的字形属异写字形，不再另出字头。

四、本字编所录文字出处，均据《居延新简》一书注明原简简号，其编号按照原简出土地点及探方的顺序编写。其中：

EP　代表甲渠候官遗址（今称破城子）

T　探方

F　房屋遗址

W　坞壁内

C　鄣、坞以外的灰堆

N　地点不明的采集简

EPT　代表破城子探访

EPF	破城子房屋
EPW	破城子坞内
EPC	破城子坞外灰堆
EPS4	甲渠塞第四燧遗址
EPS4T1	甲渠塞第四燧探方 1
EPS4T2	甲渠塞第四燧探方 2
EPS4C	甲渠塞第四燧采集散简
ESC	额济纳旗三十井次东燧
ES	一九七二年居延调查采集散简
EN	一九七二年居延地区调查采集地点不明残简

每个字形图片的编号，英文代码后的数字表示探方或出处的名称，及原简编号，例如：编号“EPT01001”表示破城子探方 1 中的 1 号简。